かっこいい小学生になろう

Z会 グレードアップ問題集

改訂版

小学4年

国語

漢字・言葉

はじめに

Z会は「考える力」を大切にします

『Z会グレードアップ問題集』は、教科書レベルの問題集では物足りないと感じている方・難しい問題にチャレンジしたい方を対象とした問題集です。当該学年での学習事項をふまえて、発展的・応用的な問題を中心に、一冊の問題集をやりとげる達成感が得られるよう内容を厳選しています。少ない問題で最大の効果を発揮できるように、通信教育における長年の経験をもとに〝良問〟をセレクトしました。単純な反復練習ではなく、一つ一つの問題にじっくりと取り組んでいただくことで、本当の意味での「考える力」を育みます。

伝えたいことを的確に伝えられる言葉の力を身につける

国語は、すべての学習の基礎となる教科です。そして、学習だけでなく、生活すべての土台となると言ってもよいでしょう。しかし、国語の力は、母語とはいえ、自然と身につくものではありません。しっかりとした言葉の力は訓練することで磨かれます。

そこで、本書では、「漢字」「文の組み立て」「言葉のきまり」といった項目ごとに、漢字・言葉を正しく使いこなすための練習を積んでいきます。また、ことわざ・慣用句や敬語といった多くの言葉にふれたり、短文を作る取り組みをしたりする中で、自らの表現力を高めていくことができます。

国語の学習を継続させるためには、「国語は楽しい」と思えることが不可欠です。さまざまな言葉の問題に取り組むうちに、お子さまが「自ら学ぶ力」を開花させることを願ってやみません。

この本の使い方

1 この本は、問題が57回分、ふろくが2回分あるよ。第1回から順番《じゅんばん》に、1回分ずつやろう。

2 1回分が終わったら、おうちの人に丸をつけてもらおう。

3 丸をつけてもらったら、まちがえた問題がなかったかたしかめよう。

4 知っていたらかっこいい！　これができるとかっこいい！　でしょうかいしていることは、大事なことだから覚《おぼ》えておこうね。

57回まで終わったら、最後《さいご》についているふろくもやってみよう。

イーマル

保護者の方へ

お子さまの学習効果を高め、より高いレベルの取り組みをしていただくために、保護者の方にお子さまと取り組んでいただく部分があります。「解答・解説」を参考にしながら、お子さまに声をかけてあげてください。

お子さまが問題に取り組んだあとは、丸をつけてあげましょう。また、各設問の配点にしたがって、点数をつけてあげてください。

マークがついた問題は、発展的な内容を含んでいますので、解くことができたら自信をもってよい問題です。

ぼくたちといっしょにむずかしい問題にちょうせんしよう！

イーマル

ミルマリ

イワンコ

目次

第1回 漢字の学習 愛・案・以・衣・位・印・英・栄

漢字	部首	画数	筆順	訓	音
愛	心	13画	一 ｒ ... 愛	—	アイ
案	木	10画	丶 ... 案	—	アン
以	人	5画	丨 ... 以	—	イ
衣	衣	6画	丶 亠 ナ ... 衣	(ころも)	イ
位	人	7画	ノ イ 亻 什 位 位 位	くらい	イ
印	卩	6画	ノ ... 印	しるし	イン
英	艹	8画	一 十 艹 ... 英	—	エイ
栄	木	9画	丶 ... 栄	さかえる (はえ)・(はえる)	エイ

学習日 月 日

得点 /100点

練習しよう

□には漢字を、（　）には送りがなを書きましょう。また、
〔　〕には読みがなを書きましょう。

（書きは各《かく》8点・読みは各10点）

1 十の□《くらい》まで数える。

2 五人□□《いじょう》の人が集まる。

3 親の□《あい》を受けて育つ。

4 □□□《えいかいわ》教室に通う。

5 自分の手で□□《えいこう》をつかむ。

6 学校を□□《あんない》する。

7 □□《やじるし》の方向に進む。

8 □□《いふく》をハンガーにかける。

9 マラソン大会で□□《いちい》になる。

10 国が□（　）《さかえる》。

11 切手に消印〔　〕をおす。

12 わたしの愛読〔　〕する本。

第2回

言葉をふやす

国語辞典《じてん》の引き方

学習日　月　日

得点　／100点

1 次の文の――の言葉を国語辞典《じてん》にのっている形（言い切りの形）に直しましょう。（各《かく》6点）

《例》　ろう下を走ってはいけません。→ 走る

1 父に新しいかばんを買ってもらう。

2 今日いそがしければ、予定を明日にのばしてよい。

3 わたしはこの本を二日間で読みました。

4 日曜日は宿題をやるから、ぼくは遊ばない。

5 昨日《きのう》の運動会は楽しかったが、へとへとになった。

2 次の言葉を国語辞典にのっている順番《じゅんばん》にならべ、（　）に記号を書きましょう。（すべてできて各4点）

1 ア まじめ　イ 魔女《まじょ》　ウ マジック　エ まじない

（　→　→　→　）

2 ア 植物《しょくぶつ》　イ 食パン　ウ 職場《しょくば》　エ 食品

（　→　→　→　）

3 ア 理由　イ リュックサック　ウ 流行　エ 両側《りょうがわ》　オ 利用《りよう》

（　→　→　→　→　）

4 ア つばめ　イ 角笛《つのぶえ》　ウ つばさ　エ つな引き　オ つなぎ言葉

（　→　→　→　→　）

3 国語辞典を引くと、一つの言葉でもいくつもの意味をもつ場合があることがわかります。次の文の――の「手」の意味をあとの**ア**～**オ**の中から一つずつ選《えら》び、（　）に記号を書きましょう。（各6点）

1 行く手には大きな川が流れている。（　　）

2 弟はまだおさなくて手がかかる。（　　）

3 あらゆる手をつくして対応《たいおう》する。（　　）

4 新しくできた会社と手を結《むす》ぶ。（　　）

5 いそがしくて手が足りない。（　　）

ア 働《はたら》く人　**イ** 世話・手間　**ウ** 方向

エ つながり・関係《かんけい》　**オ** 手段《しゅだん》・方法《ほうほう》

いくつもの意味をもつ言葉を「多《た》義語《ぎご》」というよ。文脈《ぶんみゃく》の中での意味を考えよう。

4 次の文の□には、それぞれ同じ言葉が入ります。□に入る言葉をあとの**ア**～**ク**の中から一つずつ選び、（　）に記号を書きましょう。（各6点）

1
- 明日でカードの期限《きげん》が□。
- 彼《かれ》はとても頭の□人だ。
- よく□はさみを買う。

（　　）

2
- 本だなの上のほこりを□。
- 品物の代金を□。
- 周《まわ》りの様子に注意を□。

（　　）

3
- 今日は宿題が多いので、気が□。
- せきにんの□仕事をまかされる。
- □荷物を持つ。

（　　）

4
- 校庭の中央に□。
- うでの□職人《しょくにん》をやとう。
- この資料《しりょう》はとても役に□。

（　　）

ア よい　**イ** 立つ　**ウ** 出る　**エ** 切れる

オ はらう　**カ** 重い　**キ** 取る　**ク** くる

第3回

漢字の学習

塩・億・加・果・貨・課・芽・改

漢字	部首	筆順	音	訓
塩	土	13画	エン	しお
億	人	15画	オク	—
加	力	5画	カ	くわえる・くわわる
果	木	8画	カ	はたす・はてる・はて
貨	貝	11画	カ	—
課	言	15画	カ	—
芽	艹	8画	ガ	め
改	攵	7画	カイ	あらためる・あらたまる

学習日　月　日

得点　/100点

練習しよう

□には漢字を、（　）には送りがなを書きましょう。また、〔　〕には読みがなを書きましょう。

（書きは各《かく》8点・読みは各10点）

1 □□《いちおく》をこえる人口。

2 □《しお》とこしょうをふる。

3 木の□《め》が出る。

4 □□《かもつ》列車が通る。

5 時刻表《じこくひょう》が□□《かいせい》される。

6 □□□《ほうかご》に友達《ともだち》と遊ぶ。

7 種《たね》が□□《はつが》する。

8 自分の役目を□（　）《はたす》。

9 メンバーに□（　）《くわわる》。

10 ルールを□（　）《あらためる》。

11 果実〔　〕入りのジュース。

12 魚を加工〔　〕する。

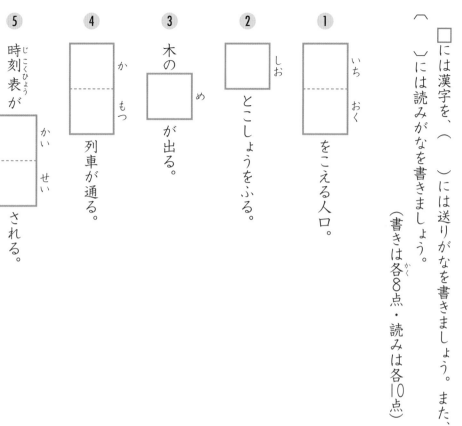

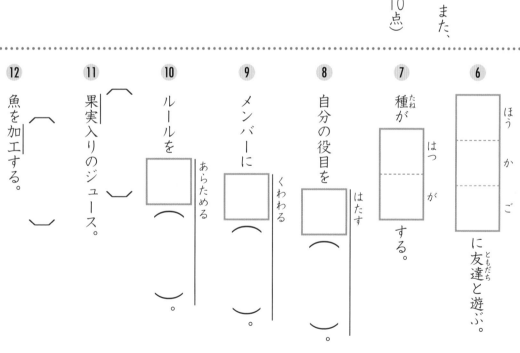

和語・漢語・外来語

学習日　月　日
得点　／100点

ポイント

日本語の単語《たんご》は、次の三種類《しゅるい》に分けることができます。

●和語

もともと日本にあった言葉のことです。「手紙（てがみ）」「海（うみ）」など、漢字で書いてあっても訓読《くんよ》みにするものは和語です。

●漢語

中国から日本に入ってきた言葉のことです。「朝食（ちょうしょく）」「帰省（きせい）」など、漢字で表して音読みにするものは漢語です。

●外来語

中国以外《いがい》の外国から入ってきた言葉のことです。「ピアノ」「ランドセル」など、ふつうカタカナで書き表します。

たとえば「お昼ごはん」は、和語では「昼飯《ひるめし》」、漢語では「昼食《ちゅうしょく》」、外来語では「ランチ」といいます。同じものを表していても、種類によって語感にちがいがありますね。

---

1 次の言葉は、ア「和語」・イ「漢語」・ウ「外来語」のどれにあたりますか。一つずつ選《えら》び、（　）に記号《かく》を書きましょう。（各5点）

① 鳥（　）　② 会話（　）

③ におい（　）　④ チャンス（　）

2 次の二字熟語《じゅくご》には、和語と漢語の二つの読み方があります。それぞれの読み方を和語はひらがな、漢語はカタカナで書きましょう。（両方できて各5点）

① 市場　和語［　　］　漢語［　　］

② 年月　和語［　　］　漢語［　　］

3 次の表の**1**〜**3**にあてはまる言葉を、和語はひらがな、漢語は漢字、外来語はカタカナで書きましょう。（各5点）

和語	漢語	外来語
くだもの	果実《かじつ》	**1**
およぎ	**2**	スイミング
はやさ	速度	**3**

4 次の文の――の言葉の意味を表す外来語を書きましょう。（各5点）

1 学校のきまりを守る。

2 荷物を置《お》く空間を作る。

3 作文の主題を決める。

4 報告書《ほうこくしょ》をまとめる。

5 次の外来語は、言葉の一部が省略《しょうりゃく》されています。もとの言葉に直しましょう。（各10点）

1 マスコミ

2 パトカー

6 次の文の――と言いかえられる言葉をあとの**ア**〜**カ**の中から一つずつ選び、（　）に記号を書きましょう。（各5点）

1 オーケストラの演奏《えんそう》は、さまざまな楽器による音のハーモニーで人々を感動させる。（　）

2 情報化《じょうほうか》の進む現代《げんだい》社会においては、情報を適切《てきせつ》に活用する力がますます求《もと》められるだろう。（　）

3 近年の科学技術《ぎじゅつ》の進歩はめざましく、これからやってくる新しい時代に期待がふくらむ。（　）

ア テクノロジー　**イ** メディアリテラシー
ウ パイオニア　**エ** 未来《みらい》
オ 調和　**カ** マスメディア

第5回 漢字の学習

械・害・街・各・覚・完・官・管

漢字	部首	筆順	音	訓
械	木	11画	カイ	—
害	宀	10画	ガイ	—
街	行	12画	ガイ・(カイ)	まち
各	口	6画	カク	(おのおの)
覚	見	12画	カク	おぼえる さます・さめる
完	宀	7画	カン	—
官	宀	8画	カン	—
管	竹	14画	カン	くだ

学習日　月　日

得点　/100点

練習しよう

□には漢字を、（　）には送りがなを書きましょう。また、〔　〕には読みがなを書きましょう。
（書きは各《かく》8点・読みは各10点）

1 □□《こうがい》が起きる。

2 □□□《しがいち》を通る。

3 工場の機《き》□《かい》を動かす。

4 寒さで指の□□《かんかく》がなくなる。

5 ゴムの□《くだ》を通す。

6 □□□《がいこうかん》になる。

7 全国□□《かくち》の名物。

8 ペンキが□□《かんぜん》にかわく。

9 おこづかいを□□《かんり》する。

10 名前を□（　）《おぼえる》。

11 街角〔　〕のポスト。

12 朝早く目が覚〔　〕める。

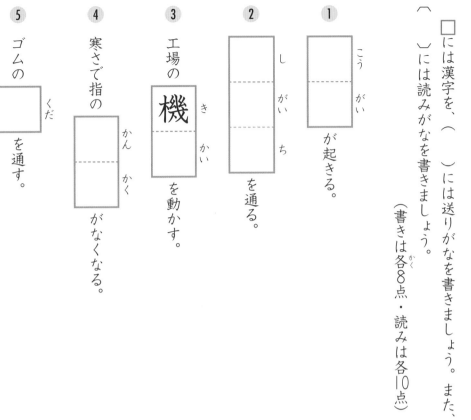

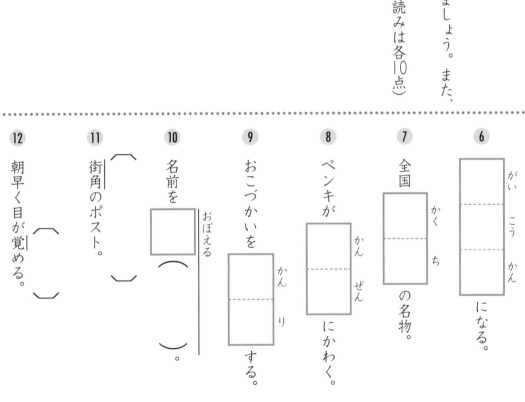

こそあど言葉

1 次の文の□にあうこそあど言葉をあとの**ア**〜**ウ**の中から一つずつ選《えら》び、記号を○で囲《かこ》みましょう。（各《かく》5点）

1 きみの持っている本は□で買ったの。
ア どんな　**イ** どこ　**ウ** どの

2 ぼくが今かいている□絵を見てください。
ア どの　**イ** それ　**ウ** この

3 あなたの近くにある□を取ってくれませんか。
ア これ　**イ** それ　**ウ** どれ

4 さっきのお店の店員さんはやさしい人だったね。わたしも□ふうになりたいな。
ア あんな　**イ** あれ　**ウ** どんな

5 校長先生とお話しされていた人は□ですか。
ア どの　**イ** どれ　**ウ** どなた

---

2 次の会話文にあうように、□にあうこそあど言葉を考えて書きましょう。（各10点）

1 「もしもし。田中《たなか》さん、こんにちは。田中さんが転校して、そろそろ一か月になるね。」
「ああ、青木《あおき》さん、電話をありがとう。」

「もう□の学校にはなれたの。」

「うん。友達《ともだち》も何人かできたよ。」

2 「すみません。トイレはどこですか。」
「はい。トイレまでご案内《あんない》します。わたしのあとについて□へおいでください。」

「ありがとうございます。ところで、まどから遠くに見える□山は何という山ですか。」

学習日　月　日
得点　／100点

3 次の文の――が指しているものをあとの**ア**～**エ**の中から一つずつ選び、記号を○で囲みましょう。（各5点）

1 家族旅行で、ロンドンにやってきた。ホテルから外をながめると、二つの高いビルの間に細長いとうが見えた。あれはいったい何なのだろう。

ア とう　**イ** ホテル
ウ ロンドン　**エ** ビル

2 今日は学校の社会科見学で、となり町の古い寺に来ています。ここの本堂《ほんどう》には、江戸《えど》時代から伝《つた》わる仏像《ぶつぞう》が置《お》かれています。

ア となり町　**イ** 寺
ウ 本堂　**エ** 学校

3 街角《まちかど》にある公園に、一本のさくらの木が植えられている。それはとても大きくて、毎年春になると満開《まんかい》の花をさかせる。

ア 花　**イ** 公園
ウ さくらの木　**エ** 街角

4 次の文章の――①・②はそれぞれ何を指していますか。①は十字以内《いない》、②は五字以内で文中から書きぬきましょう。（各15点）

今年の花粉《かふん》は多いのか。毎年二月になると多くの人が①これを気にし始め、ニュースでもよく取り上げられるようになります。花粉症《かふんしょう》自体は以前《いぜん》からありましたが、特《とく》に二十一世紀《せいき》になってスギ花粉の量《りょう》がふえたために、花粉症になやむ人が多くなりました。

では、なぜ二十一世紀にその量がふえたのでしょう。戦後《せんご》、日本は国を発展《はってん》させるために多くの木を切り、たくさんのはげ山ができました。そして、②そこには主にスギが植林されました。何十年かかけていっせいに生長してきたそれらのスギが、二十一世紀の現在《げんざい》、たくさんの花粉を飛《と》ばしているのです。

①

②

第7回 漢字の学習 関・観・願・希・季・旗・器・機

部首	漢字	筆順	画数	音	訓
門	関	丨 冂 冂 冂 門 門 門 門 門 閂 閂 関 関 関	14画	カン	せき かかわる
見	観	ノ 𠂉 午 午 午 午 午 隺 隺 隺 観 観	18画	カン	—
頁	願	一 厂 厂 戶 原 原 原 原 原 原 願 願 願	19画	ガン	ねがう
巾	希	ノ メ 产 产 肴 肴 希	7画	キ	—
子	季	一 二 千 禾 禾 季 季 季	8画	キ	—
方	旗	丶 亠 方 方 方 方 方 方 旂 旗 旗 旗	14画	キ	はた
口	器	丶 口 口 叩 叩 叩 哭 哭 哭 器 器 器	15画	キ	(うつわ)
木	機	一 木 木 木 木 機 機 機 機 機 機 機	16画	キ	(はた)

学習日 月 日

得点 /100点

練習しよう

□には漢字を、（　）には送りがなを書きましょう。また、（　）には読みがなを書きましょう。
（書きは各《かく》8点・読みは各10点）

1 未来《みらい》への□《き》望《ぼう》。

2 日本の□□《こっき》。

3 星に□□《かんけい》のある本を読む。

4 □□《しき》のうつり変《か》わり。

5 長年の□□《ひがん》を成《な》しとげる。

6 話し合いの□□《きかい》をもつ。

7 □□□《かんこうち》をたずねる。

8 箱根の□□《せきしょ》。

9 ガラスの□□《しょっき》を買う。

10 家族の幸福を□（　）《ねがう》。

11 旗（　）をふっておうえんする。

12 事件《じけん》に関（　）わる。

第8回 言葉のきまり

言葉の種類《しゅるい》

学習日　月　日

得点　／100点

ポイント

言葉は、何を表しているか、どのようなはたらきをしているのかによって、いくつかの種類《しゅるい》に分けることができます。たとえば次の文は、どのような種類の言葉で成《な》り立《た》っているでしょうか。

《例》　ぼくは、　美しい　絵の　前に　静《しず》かに　立つ。

●物やことがらの名前を表す言葉（名詞《めいし》）

「ぼく」「絵」「前」のように、物やことがらの名前を表す言葉を**名詞**といいます。人名や国名、数字なども名詞です。名詞は、あとにどんな言葉が続《つづ》いても形が変《か》わりません。

《例》　学校　動き　斉藤《さいとう》さん　わたし　ドイツ　三番

●動きを表す言葉（動詞《どうし》）

「立つ」のように、動きを表す言葉を**動詞**といいます。動詞は、あとに続く言葉によって形が変わります。なお、動詞の言い切りの形は、「ウ段《だん》」の音です。

《例》　話す　書く　見る　投げる　来る　開発する

●様子を表す言葉（形容詞《けいようし》・形容動詞《けいようどうし》）

「美しい」「静かに」は様子を表す言葉で、あとに続く言葉によって形が変わります。言い切りの形はそれぞれ「美しい」「静かだ」となります。「美しい」のように、言い切りの形が「〜い」となる言葉を**形容詞**、「静かだ」のように、言い切りの形が「〜だ」となる言葉を**形容動詞**といいます。

《例》　かわいい　長い　楽しい　好《す》きだ　具体的《ぐたいてき》だ

●形の変わる言葉の例《れい》

動詞・形容詞・形容動詞は、あとに続く言葉によって形が変わります。では、どのように変わるのでしょうか。

動詞「立つ」	形容詞「美しい」	形容動詞「静かだ」
立た（ない）	美しかろ（う）	静かだろ（う）
立と（う）	美しかっ（た）	静かだっ（た）
立ち（ます）	美しく（なる）	静かで（ある）
立つ（。）	美しい（。）	静かに（なる）
立つ（とき）	美しい（とき）	静かだ（。）
立て（ば）	美しけれ（ば）	静かな（とき）
立て		静かなら（ば）

1 次の文の――の言葉の種類をア「名前を表す言葉」・イ「動きを表す言葉」・ウ「様子を表す言葉」の中から一つずつ選《えら》び、（　）に記号を書きましょう。（すべてできて各《かく》10点）

1 まばゆく　差《さ》しこむ　日光に　目を　細める。
（　）（　）（　）（　）（　）

2 母が　作る　料理《りょうり》を　おいしく　食べる。
（　）（　）（　）（　）（　）

2 次の各組みの言葉の中で、ほかと言葉の種類がちがうものを一つずつ選び、○で囲《かこ》みましょう。（各10点）

1 運び出す　計算する　おどろく　ねむい

2 曲がる　なめらかだ　くずす　かたづける

3 七月　楽しい　アメリカ　悲しみ

4 きれいだ　やわらかい　うれしい　おさない

3 次の文の――の言葉を、言い切りの形に直して□に書きましょう。（各8点）

《例》まじめに考える。　まじめだ

1 りんごが赤くうれる。　□

2 兄と荷物を運んだ。　□

4 次の文の（　）の中の言葉をあとに続く言葉にあう形に直して、□に書きましょう。（各8点）

1 先生が（さりげない）助けてくれた。　□

2 くやしくても（泣《な》く）ないでがまんをする。　□

3 いつか（有名だ）作家になりたい。　□

漢字の学習

第9回 議・求・泣・給・挙・漁・共・協

漢字	部首	画数	音	訓
議	言	20画	ギ	—
求	水	7画	キュウ	もとめる
泣	水	8画	(キュウ)	なく
給	糸	12画	キュウ	—
挙	手	10画	キョ	あげる・あがる
漁	水	14画	ギョ・リョウ	—
共	八	6画	キョウ	とも
協	十	8画	キョウ	—

学習日　月　日

得点　／100点

練習しよう

□には漢字を、（　）には送りがなを書きましょう。また、〔　〕には読みがなを書きましょう。

（書きは各《かく》8点・読みは各10点）

1 利益《りえき》を□□《つい きゅう》する。

2 □□《かい ぎ》に出席《しゅっせき》する。

3 子どもが□《な》き出す。

4 みんなで□□《きょう りょく》する。

5 二人の□□□《きょう つう てん》。

6 賛成《さんせい》の人は□□《きょ しゅ》する。

7 □□《ぎょ ぎょう》のさかんな港町。

8 今日の□□《きゅう しょく》はカレーだ。

9 具体的《ぐたいてき》に例《れい》を□（　　）《あげる》。

10 説明《せつめい》を□（　　）《もとめる》。

11 カツオ漁〔　　〕に出る。

12 行動を共〔　　〕にする。

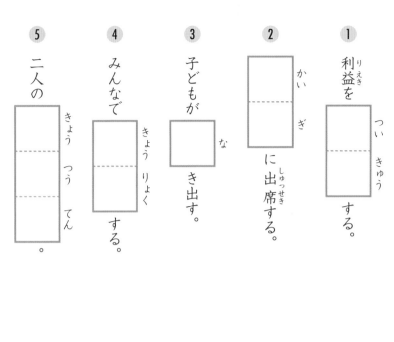

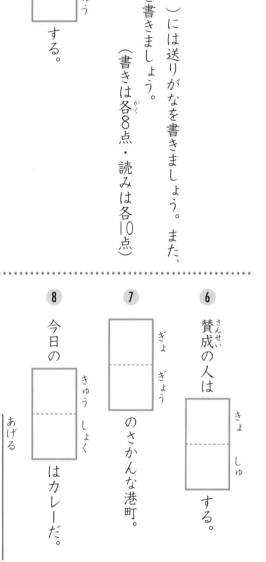

第10回 言葉のきまり 同音《どうおん》異義語《いぎご》・同訓《どうくん》異字《いじ》

1 次の文の――の言葉の漢字としてあうものをあとの**ア**～**ウ**の中から一つずつ選《えら》び、記号を○で囲《かこ》みましょう。（各《かく》2点）

1 一年のけいは元旦《がんたん》にあり。
ア 景　**イ** 計　**ウ** 軽

2 この作品は、かいしんの出来ばえだ。
ア 会心　**イ** 改心　**ウ** 改新

3 温暖《おんだん》なきこうの土地に住む。
ア 気候　**イ** 帰港　**ウ** 起工

4 絶好《ぜっこう》のきかいにめぐまれる。
ア 器械　**イ** 機会　**ウ** 機械

5 胃《い》や腸《ちょう》は消化きかんだ。
ア 機関　**イ** 期間　**ウ** 器官

2 次の文の（　　）にあう言葉を一つずつ選び、○で囲みましょう。（各5点）

1 生まれて（初《はじ》めて・始めて）の体験《たいけん》。

2 （暑い・熱《あつ》い）お茶を飲む。

3 五十メートル走のタイムを（計る・量《はか》る）。

4 長引いていたかぜが（直る・治《なお》る）。

5 具体的《ぐたいてき》な例《れい》を（挙《あ》げる・上げる）。

6 空き地に新しい家が（立つ・建《た》つ）。

7 朝の八時に目が（覚《さ》める・冷《さ》める）。

8 車の運転を（変《か》わる・代わる）。

学習日　月　日

得点　／100点

3 次の文の——の言葉には、漢字のまちがいがあります。正しい漢字を□に書きましょう。（各《かく》6点）

1 彼《かれ》の提案《ていあん》に反対する意見は小数だった。

2 最新《さいしん》の注意をはらってチェックをする。

3 近ごろ感心があるのは、世界の歴史《れきし》だ。

4 帰り道、友達《ともだち》とその交差点《こうさてん》で分かれる。

5 はずかしさのあまり顔が明らむ。

5の「明らむ」は、「明るくなる」という意味だね。はずかしいとき、人の顔はどうなるかな。

4 次の各組みの——の言葉を漢字で書きましょう。（両方できて各5点）

1
ア 人生のめいあんを分ける。
イ ふとめいあんがうかぶ。

2
ア いがいな結果《けっか》におどろく。
イ 一年生いがいは体育館に集まる。

3
ア 大雨で川の流れがはやい。 □い
イ あきらめるのはまだはやい。 □い

4
ア 子どもが母親のあとをおう。 □う
イ 重い荷物を背中《せなか》におう。 □う

第11回 漢字の学習 鏡・競・極・訓・軍・郡・径・景

漢字	部首	画数	音	訓	筆順
鏡	金	19画	キョウ	かがみ	𠆢 ⺈ 𠆢 金 釒 釒 釒 鈴 鈴 鈴 鈴 鏡
競	立	20画	キョウ・ケイ	(きそう)・(せる)	丶 亠 亠 立 立 产 音 音 产 竟 竞 競
極	木	12画	キョク・(ゴク)	(きわめる)・(きわまる)・(きわみ)	一 十 オ 木 木 朾 朾 柯 柯 柯 極 極
訓	言	10画	クン	—	丶 亠 亠 亖 言 言 言 訁 訓 訓
軍	車	9画	グン	—	丶 冖 冖 冖 冒 冒 冒 宣 軍
郡	阝	10画	グン	—	フ ヨ ヨ 尹 尹 君 君 君 郡 郡
径	彳	8画	ケイ	—	ノ ク 彳 彳 径 径 径 径
景	日	12画	ケイ	—	丨 冂 日 日 日 旦 早 咠 咠 景 景 景

学習日 月 日

得点 /100点

練習しよう

□には漢字を、（　）には送りがなを書きましょう。また、〔　〕には読みがなを書きましょう。（書きは各《かく》8点・読みは各10点）

1 犬を□□《くんれん》する。

2 □□《ぐんて》をはめる。

3 おかしの□□《けいひん》を集める。

4 自分の顔を□《かがみ》にうつす。

5 夏休みに□□《きょうえい》大会に出る。

6 □□《なんきょく》に生息するペンギン。

7 □□《はんけい》一メートルの円。

8 勇《いさ》ましい□□《ぐんか》が流れる。

9 市内から□□《ぐんぶ》へ引っこす。

10 □□《しょうきょく》的《てき》な態度《たいど》。

11 鏡台〔　〕の前にすわる。

12 地方の競馬〔　〕場。

第12回

言葉のきまり

対義語《たいぎご》・類義語《るいぎご》

学習日　月　日

得点　/100点

ポイント

言葉には、対義語《たいぎご》や類義語《るいぎご》があるものがあります。

●対義語……意味が反対、または対《つい》になる言葉

《例》上 ⇔ 下　　天 ⇔ 地

人工 ⇔ 自然《しぜん》　　過去《かこ》 ⇔ 未来《みらい》

売る ⇔ 買う　　起きる ⇔ ねる

●類義語……意味がにている言葉

《例》方向 —— 方角　　勉強 —— 学習

話す —— 語る　　笑《わら》う —— ほほえむ

類義語は、文によって言いかえられる場合と、言いかえられない場合とがあります。たとえば、「意外」と「案外《あんがい》」とで次の二つの例を見てみましょう。

《例》意外な人物に出会う。 → × 案外な人物に出会う。

意外にうまくいった。 → ○ 案外、うまくいった。

1 次の1～4は対義語、5～8は類義語の熟語《じゅくご》の組み合わせになるように、あてはまる漢字をあとの[　]の中から一つずつ選《えら》び、□に書きましょう。なお、同じ漢字は二回使えません。（各《かく》5点）

1 必要《ひつよう》 ⇔ □要

2 危険《きけん》 ⇔ 安□

3 温暖《おんだん》 ⇔ 寒□

4 勝利《しょうり》 ⇔ □北

5 欠点《けってん》 —— □所

6 発達《はったつ》 —— □歩

7 決意 —— 決□

8 永久《えいきゅう》 —— 永□

[心　不《ふ》　短　敗《はい》　冷《れい》　遠　進　全]

2 次の文の――の言葉の対義語を□に書きましょう。（各6点）

1 部屋が広い。 □

2 考え方が古い。 □

3 熱《あつ》い お茶。 □

4 ねだんが高い。 □

5 味つけがうすい。 □

6 人がふえる。 □

7 ごみをすてる。 □

8 会議《かいぎ》を終える。 □

3 次の文の□に最《もっと》もよくあてはまる言葉をあとの**ア**～**ウ**の中から一つずつ選び、（　）に書きましょう。なお、同じ記号は二回使えません。（各2点）

1 見る

・子どものすがたを温かく□。（　）
・相手の顔をじっと□。（　）
・縁側《えんがわ》から庭を□。（　）

ア 見守る　**イ** ながめる　**ウ** 見つめる

2 言う

・春のおとずれを□鳥の声。（　）
・将来《しょうらい》のゆめを友人に□。（　）
・手紙で気持ちを□。（　）

ア 語る　**イ** つげる　**ウ** 伝《つた》える

これができるとかっこいい！

3 1・2のように、にた動作を表す言葉でも、少しずつ意味合いがちがう言葉がたくさんあるよ。使い分けられるようになろう。

第13回 漢字の学習

芸・欠・結・建・健・験・固・功

漢字	部首	筆順（画数）	音	訓
芸	艹	7画	ゲイ	―
欠	欠	4画	ケツ	かける・かく
結	糸	12画	ケツ	むすぶ（ゆう）・（ゆわえる）
建	廴	9画	ケン・（コン）	たてる・たつ
健	人	11画	ケン	（すこやか）
験	馬	18画	ケン・（ゲン）	―
固	口	8画	コ	かためる・かたまる・かたい
功	力	5画	コウ・（ク）	―

学習日　月　日

得点　／100点

練習しよう

□には漢字を、（　）には送りがなを書きましょう。また、〔　〕には読みがなを書きましょう。

（書きは各《かく》8点・読みは各10点）

1 かべに□□《こてい》する。

2 画家として成□《せいこう》する。

3 □□《けんぜん》な考え方。

4 自分の□□《けってん》を直す。

5 アンケートの□□《けっか》が出る。

6 駅前にビルが□《た》つ。

7 自分の□□《たいけん》を話す。

8 母に□□《しゅげい》を習う。

9 雪を丸く□（　）《かためる》。

10 くつのひもを□（　）《むすぶ》。

11 建国〔　〕記念《きねん》の日。

12 大切なお皿が欠〔　〕ける。

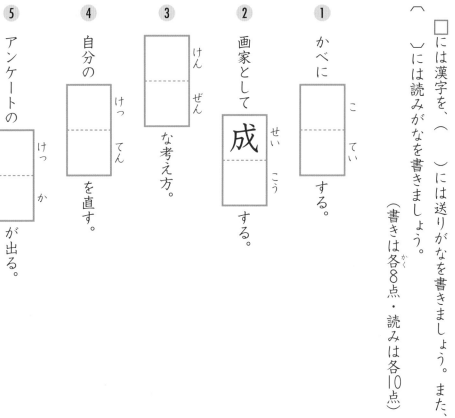

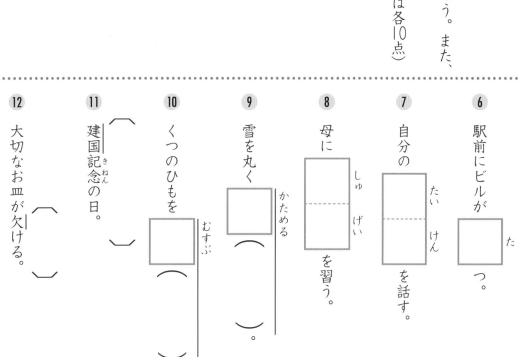

第14回 言葉のきまり 組みになって使われる言葉

学習日　月　日

得点　/100点

1 次の文の――の言葉は、どの言葉と組みになっていますか。文中から書きぬきましょう。（各《かく》6点）

1 次はぜひ東京に遊びに来てほしい。

2 クイズの答えがまったくわからない。

3 どうして父はあんなに物知りなのか。

4 たとえ失敗《しっぱい》しても、次にいかせばよい。

5 たぶんあの人は何も言わないだろう。

2 次の文の□にあう言葉をあとのア～エの中から一つずつ選《えら》び、記号を○で囲《かこ》みましょう。（各4点）

1 どうぞ部屋に□。

ア 入るでしょう　イ 入ります
ウ 入りません　エ お入りください

2 雪の結晶《けっしょう》は、あたかも□。

ア 宝石《ほうせき》らしい　イ 宝石になる
ウ 宝石のようだ　エ 宝石なのか

3 ゲーム中は何を言われても、少しも耳に□。

ア 入らない　イ 入るだろう
ウ 入るはずだ　エ 入るようだ

4 もしもぼくが□、そんなことはしないだろう。

ア 君なので　イ 君だし
ウ 君だったが　エ 君ならば

3 次の文の――の言葉に注意して、□にあう言葉をあとの[ ]の中から一つずつ選び、書きましょう。なお、同じ言葉は二回使えません。（各6点）

日曜日にわたしの家族は引っこしをする。あと少しでこの家を出るということが（①）信じられない。明日、学校で転校のあいさつをするとき、わたしは（②）泣《な》いてしまうだろう。クラスの友達とはなれるなんて、（③）迷子《まいご》の子どものような心細い気分だ。遠くに引っこしても、みんなのことは（④）わすれない。

[きっと　まるで　決して　いまだに]

---

4 次の組みになった言葉を使って、短い文を作りましょう。（各15点）

《例》決して……ない。
→このくやしさを決してわすれない。

1 どうやら……らしい。

2 まさか……まい。

知っていたらかっこいい！

4 2の「〜まい」は、「〜ないだろう」と言いかえられるよ。「負けることはあるまい。」は、「負けることはないだろう。」という意味だね。

第15回 漢字の学習

好・候・康・差・菜・最・材・昨

漢字	部首	筆順（画数）	音	訓
好	女	6画	コウ	このむ・すく
候	人	10画	コウ	（そうろう）
康	广	11画	コウ	—
差	工	10画	サ	さす
菜	艹	11画	サイ	な
最	曰	12画	サイ	もっとも
材	木	7画	ザイ	—
昨	日	9画	サク	—

学習日　月　日

得点　／100点

練習しよう

□には漢字を、（　）には送りがなを書きましょう。また、〔　〕には読みがなを書きましょう。

（書きは各《かく》8点・読みは各10点）

1 山は□□《てんこう》が変《か》わりやすい。

2 本を□□《さいご》まで読む。

3 □□《やさい》をたくさん食べる。

4 雨の日にかさを□《さ》す。

5 外国と□□《ゆうこう》を深める。

6 □□《けんこう》に気をつける。

7 学校の様子を□□《しゅざい》する。

8 □□《さくねん》の重大ニュース。

9 □（　）《もっとも》高い品物。

10 父は和食を□（　）《このむ》。

11 一面にさく菜〔　〕の花。

12 交差点〔　〕を右に曲がる。

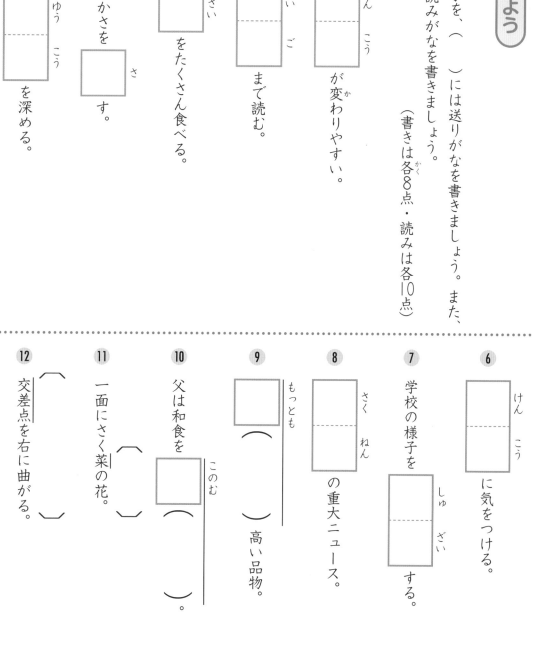

第16回

文の組み立て

主語・述語《じゅつご》 ①

学習日
月　日

得点
／100点

ポイント

文の中の「何が（は）」にあたる言葉を**主語**、「どうする」「どんなだ」「何だ」「ある（いる・ない）」にあたる言葉を**述語**《じゅつご》といいます。文には、述語の種類《しゅるい》によって、次の四つの型《かた》があることを覚《おぼ》えておきましょう。

主語	述語	《例》
・何が（は）―	どうする	花が　さく。
・何が（は）―	どんなだ	空は　青い。
・何が（は）―	何だ	弟は　一年生だ。
・何が（は）―	ある（いる・ない）	いすが　ある。

なお、「ひまわりもさく」のように主語が「何が（は）」の形でない文や、「青いな、空は。」のように主語と述語の順《じゅん》番《ばん》が逆《ぎゃく》になっている文もあります。

1 次の文の述語にあたる言葉を□に書きましょう。また、その述語の種類をあとの**ア**〜**エ**の中から一つずつ選《えら》び、（　）に記号を書きましょう。（両方できて各《かく》10点）

1 昔、その場所にはおしろがあった。
□・（　）

2 イギリスで、初《はじ》めて体験《たいけん》したのが乗馬だ。
□・（　）

3 ゲームをしていたら、あっというまに一時間がすぎた。
□・（　）

ア どうする　**イ** どんなだ
ウ 何だ　**エ** ある

2 次の文の主語と述語にあたる言葉を一つずつ選び、（　）に記号を書きましょう。（両方できて各10点）

1 ア楽しいな、イ友達《ともだち》とウすごすエ時間は。

主語（　　）　述語（　　）

2 ア夕方には、イきっとウ雨もエ上がるだろう。

主語（　　）　述語（　　）

3 ア毎朝　イじっくりと　ウ新聞を　エ読むのが　オ父の　カ日課《にっか》だ。

主語（　　）　述語（　　）

4 ア昨日《きのう》の　イ給食《きゅうしょく》に　ウ出た　エたまご焼《や》きは、　オとても　カおいしかった。

主語（　　）　述語（　　）

3 次の文の主語と述語が正しく対応《たいおう》するように、――の部分を書き直しましょう。（各10点）

1 今年のぼくの目標《もくひょう》は、漢字をまちがえないことが目標です。

2 わたしたちは、明日、学校で合唱《がっしょう》コンクールが行われます。

4 （　）の指示《しじ》にしたがい、あとの文に読点（、）を一つ打ちましょう。なお、読点は「く、」のように打つこと。（10点）

（自転車で海へ向かったのが「姉」であるとわかるように）

ぼくは自転車で海へ向かった姉を追いかけた。

第17回

漢字の学習

札・刷・察・参・産・散・残・氏

漢字	部首	筆順	音	訓
札	木	5画	サツ	ふだ
刷	刀	8画	サツ	する
察	宀	14画	サツ	—
参	厶	8画	サン	まいる
産	生	11画	サン	うむ・うまれる（うぶ）
散	攵	12画	サン	ちる・ちらす・ちらかす・ちらかる
残	歹	10画	ザン	のこる・のこす
氏	氏	4画	シ	（うじ）

学習日　月　日

得点　／100点

練習しよう

□には漢字を、（　）には送りがなを書きましょう。また、（　）には読みがなを書きましょう。

（書きは各《かく》8点・読みは各10点）

1 米を□□《せいさん》する。

2 □□《ざんしょ》みまいのはがき。

3 物事を深く□□《こうさつ》する。

4 友達《ともだち》と□□《さんぽ》をする。

5 話し合いに□□《さんか》する。

6 駅の□□《かいさつ》を通る。

7 ポスターを□□《いんさつ》する。

8 住所と□□《しめい》を記入する。

9 心に□（　　）《のこる》言葉。

10 火花を□（　　）《ちらす》。

11 にわとりがたまごを産む。（　　）

12 版画《はんが》を刷る。（　　）

第18回

文の組み立て

主語・述語《じゅつご》②

学習日　月　日

得点　／100点

ポイント

文の組み立てには、次の三つの種類《しゅるい》があります。

・**単文《たんぶん》**……主語と述《じゅつ》語《ご》が一組みの文

《例》太陽が　西に　しずむ。

・**重文《じゅうぶん》**……主語と述語が二組み以上《いじょう》で、対等にならんでいる文

《例》太陽が　西に　しずみ、月が　東から　のぼる。

・**複文《ふくぶん》**……主語と述語が二組み以上で、意味のうえで深いつながりのある文

《例》太陽が　西に　しずんだので、気温が　下がった。

---

1 次の文の組み立てについて、同じ種類のものをあとの**ア**～**ウ**の中から一つずつ選《えら》び、（　）に記号を書きましょう。（各《かく》4点）

1 四年生は運動会でソーラン節《ぶし》をおどった。（　）

2 季節《きせつ》は春になったのに、寒い日が続《つづ》く。（　）

3 図書室では話をしないというルールがある。（　）

4 ぼくがまどから手をふると、父がそれに気づいた。（　）

5 空には星がまたたき、三日月がかがやいている。（　）

ア ぼくは読書をし、姉はテレビを見た。

イ 風が強いので、母がまどをしめた。

ウ 森の中に、きれいな小川が流れている。

2 次の1〜3の文は複文です。それぞれの主語と述語の組み合わせを記号で書きましょう。（主語・述語が両方できて各10点）

《例》 ア今日は イ風が ウ強い エ一日だ。
（主語）ア（述語）エ／（主語）イ（述語）ウ

1 ア父は イ毎日、ウ母が エ作った オ料理《りょうり》を カおいしそうに キ食べる。
・主語（　　）述語（　　）
・主語（　　）述語（　　）

2 アこれは、イぼくの ウ好《す》きな エ作家が オ十年を カかけて キ書き上げた ク本です。
・主語（　　）述語（　　）
・主語（　　）述語（　　）

3 アわたしは、イ友達《ともだち》が ウ家に エ来る オ前に カ宿題を キ終わらせた。
・主語（　　）述語（　　）
・主語（　　）述語（　　）

3 次の文を必要《ひつよう》な言葉をおぎないながら、二つの文に分けて書き直しましょう。ただし、もとの文と意味が変《か》わらないように注意すること。（各10点）

1 今日、ぼくは六時に起きて、ジョギングをし、朝食を食べてから、妹といっしょに学校へ行った。

2 わたしが好きな本は、主人公が不思議《ふしぎ》な世界に入りこみ、そこで多くの登場人物と出会い、国をつくるという『ナルニア国物語』です。

第19回

漢字の学習

司・試・児・治・辞・失・借・種

漢字	部首	筆順	音	訓
司	口	5画	シ	—
試	言	13画	シ	こころみる (ためす)
児	儿	7画	ジ・(ニ)	—
治	水	8画	ジ・チ	おさめる・おさまる なおる・なおす
辞	辛	13画	ジ	(やめる)
失	大	5画	シツ	うしなう
借	人	10画	シャク	かりる
種	禾	14画	シュ	たね

学習日　月　日

得点　／100点

練習しよう

□には漢字を、（　）には送りがなを書きましょう。また、〔　〕には読みがなを書きましょう。
（書きは各《かく》8点・読みは各10点）

1 春に□《たね》まきをする。

2 国語の時間に□□《じしょ》を使う。

3 入学□□《しけん》が始まる。

4 町の□□□《じどうかん》に行く。

5 テレビ番組の□□□《しかいしゃ》。

6 自信《じしん》を□（　）《うしなう》。

7 図書館で本を□（　）《かりる》。

8 国を□（　）《おさめる》王様。

9 新しい方法《ほうほう》を□（　）《こころみる》。

10 かぜが□（　）《なおる》。

11 失礼〔　〕なことを言う。

12 治安〔　〕の良《よ》い国。

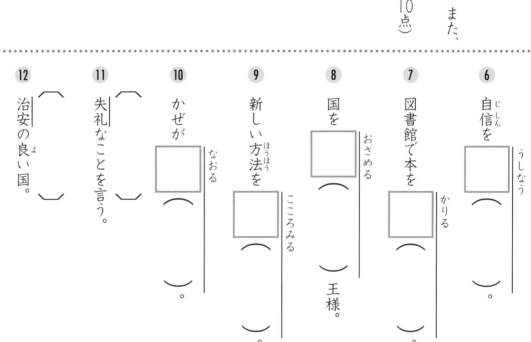

第20回

文の組み立て

くわしくする言葉①

学習日　月　日

得点　／100点

ポイント

文には、「どんな」「何を」「どこに」など、主語・述語《じゅつご》などにかかって、これらをくわしくする言葉があります。このような言葉を修飾語《しゅうしょくご》といいます。

《例》　母が　きれいな　絵を　部屋に　かざる。

（きれいな→絵を：どんな）（部屋に→かざる：どこに）

修飾語の多い文では、語順《ごじゅん》に気をつけないと、意味がわかりにくくなる場合があります。たとえば、次の1の文では、「大きな屋根」なのか、「大きな家」なのかがわかりません。しかし、2のような語順にすると、「大きな家」であることがはっきりしますね。

《例》
1　大きな　赤い　屋根の　家が　わが家です。
2　赤い　屋根の　大きな　家が　わが家です。

1　次の文の▢の部分をくわしくする言葉（修飾語）をすべて選《えら》び、（　）に記号を書きましょう。（すべてできて各10点）

1　ア兄は　イごくごくと　ウ冷《つめ》たい　水を　エ飲む。（　　）

2　アぼくの　イ大切な　宝物《たからもの》は、ウ犬の　エシロです。（　　）

3　ア通りすがりの　イ親切な　人が　ウ駅までの　エ道を　オ教えて　カくれた。（　　）

4　ア向こうに、イ二つの　ウ高い　山が　エうっすらと　オ見える。（　　）

5　アわたしは　イ拾った　さいふを　ウすぐさま　エ交番に　オとどけた。（　　）

2 次の文の[　　]の言葉は、どの言葉をくわしくしていますか。（　）に記号を書きましょう。（各6点）

1 アコンビニエンスストアは、　イいまや　ウ全国の　あらゆる　エ場所に　オある。　（　　）

2 アとなりの　イ家から、　ウとつぜん　さわがしい　エ物音が　オ聞こえた。　（　　）

3 ア空には　黒い　イ大きな　ウ雨雲が　エ低《ひく》く　オたれこめて　カいる。　（　　）

4 ぼくの　ア水色の　イかさの　ウ上で、　エ細かな　オ雨つぶが　カはねた。　（　　）

5 曲がりくねった　アせまい　イ坂道を　ウ登ると、　エ見晴らしの　オよい　カ高台に　キ着く。　（　　）

[　　]の言葉を、ほかの言葉につなげてたしかめてみよう。うまくつながる言葉が答えだよ。

3 次の文の――の部分をくわしくする言葉（修飾語）をあとの[　]の中から一つずつ選び、[　]に書きましょう。なお、同じ言葉は二回使えません。（各5点）

1 春に なると、[　　　　] 風が ふく。

2 図書館には [　　　　] 本が ある。

必《かなら》ず　あたたかい　はげしく　ずっしりと
たくさんの　南から　そよそよと　いつでも

4 （　）の指示《しじ》にしたがい、あとの文を適切《てきせつ》な語順に書き直しましょう。（10点）

（「ぼうしが白い」という意味になるように）

・女の子が白いかざりのついたぼうしをかぶっている。

[　　　　　　　　　　]

第21回 漢字の学習 周・祝・順・初・松・笑・唱・焼

漢字	部首	画数	音	訓	筆順
周	口	8画	シュウ	まわり	丿 冂 冂 円 円 用 周 周
祝	示	9画	シュク・(シュウ)	いわう	丶 ラ ネ ネ ネ 祀 祀 祝 祝
順	頁	12画	ジュン	—	丿 川 川 川 川 川 順 順 順 順 順 順
初	刀	7画	ショ	はじめ・はじめて・はつ・(うい)・(そめる)	丶 ラ ネ ネ ネ 初 初
松	木	8画	ショウ	まつ	一 十 才 木 木 朩 松 松
笑	竹	10画	(ショウ)	わらう・(えむ)	ノ ト ケ ケ ケ ケケ 竺 竺 笑 笑
唱	口	11画	ショウ	となえる	丨 口 口 口 口 口 口 口 唱 唱 唱
焼	火	12画	(ショウ)	やく・やける	丶 丷 火 火 火 火 火 火 焼 焼 焼 焼

学習日 月 日

得点 /100点

練習しよう

□には漢字を、（　）には送りがなを書きましょう。また、（　）には読みがなを書きましょう。

（書きは各《かく》8点・読みは各10点）

1 □□《じゅんばん》どおりにならぶ。

2 家族に□□《しゅくふく》される。

3 駅の□辺《しゅうへん》を通る。

4 肉と野菜《やさい》を□《や》く。

5 お正月の□《まつ》かざり。

6 おまじないの言葉を□（　）《となえる》。

7 □（　）《はじめて》見た絵。

8 楽しそうに□（　）《わらう》。

9 入学を□（　）《いわう》。

10 □（　）《まわり》の様子をうかがう。

11 テニスの初心者。（　）

12 校歌を合唱する。（　）

くわしくする言葉②

学習日　月　日

得点　／100点

ポイント

今回は、修飾語《しゅうしょくご》のうち、「どのように」「どこに」「いつ」「何を」など、主に述語《じゅつご》をくわしくするものを学習します。

《例》つくえの 上に 本が ある。（どこに）

《例》父は ゆっくりと ふり向き、ぼくに 笑《わら》いかけた。（どのように）（だれに）

文によっては、二つ以上《いじょう》の言葉が一つの言葉を修飾する場合もあります。言葉どうしの関係《かんけい》をしっかりとらえるようにしましょう。

《例》明日、わたしは 自由研究の 発表を する。（いつ）（何を）

1 次の文の［　］の部分をくわしくする言葉（修飾語）をすべて選《えら》び、（　）に記号を書きましょう。（すべてできて各《かく》10点）

1. ア ぼくは　イ 将来《しょうらい》、　ウ 野球選手《せんしゅ》に　なりたい。（　）
2. ア あと　イ 一週間で、　ウ 楽しい　エ 夏休みが　始まる。（　）
3. ア 学校の　イ テストが　ウ 終わったので、　エ ようやく　オ 遊ぶ　カ 時間が　できた。（　）
4. ア 花だんに　イ さいて　ウ いる　エ いろとりどりの　オ 花が、　カ 見とれるほど　美しい。（　）
5. ア わたしの　イ ささやかな　ウ ゆめは、　エ 大好《だいす》きな　オ いちごを　カ 好きなだけ　食べる　キ ことです。（　）

2 次の文の[　]の言葉は、どの言葉をくわしくしていますか。（　）に記号を書きましょう。（各5点）

1 **明日、** ア友達《ともだち》が　イわたしの　ウ家に　エ来る。（　）

2 アこの　イ手紙を　ウわたしてね、エお家の　**人に。**（　）

3 アぼくは　**じっくりと**　イ父の　ウ高校時代の　エ写真を　オながめた。（　）

4 **しばらく**　ア部屋で　イ休んだら、ウまた　エ外で　オ遊ぼう。（　）

3 （　）の指示《しじ》にしたがい、あとの文を適切《てきせつ》な語順《ごじゅん》に書き直しましょう。（10点）

（「静《しず》かに近づく」という意味になるように）

・わたしは静かに公園で本を読む先生に近づいた。

4 次の文の組み立てを考え、《例》にならって[　]に言葉を書きましょう。（すべてできて20点）

《例》　黄色い　いちょうの　葉が　はらりと　落ちる。

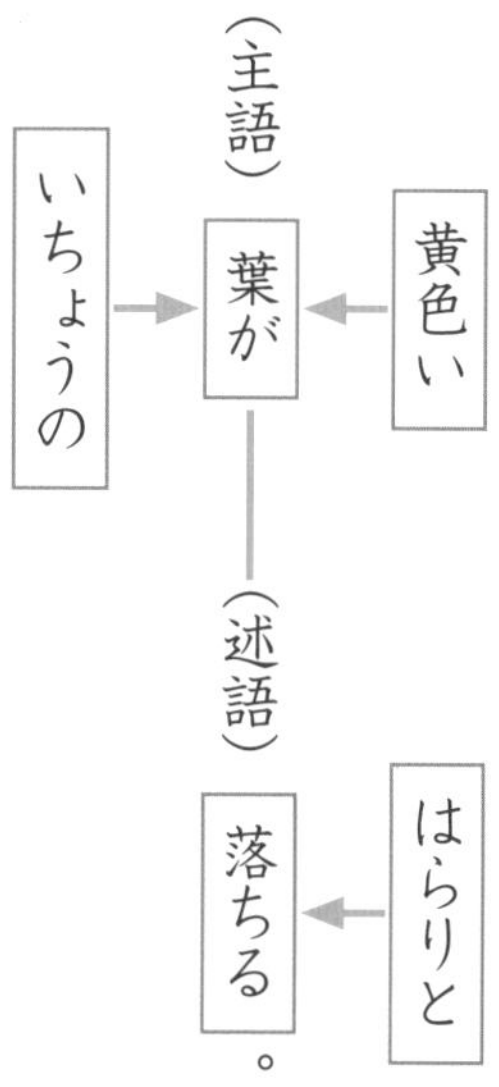

ぼくの　父は、大きな　かばんを　持って　急いで　出かけた。

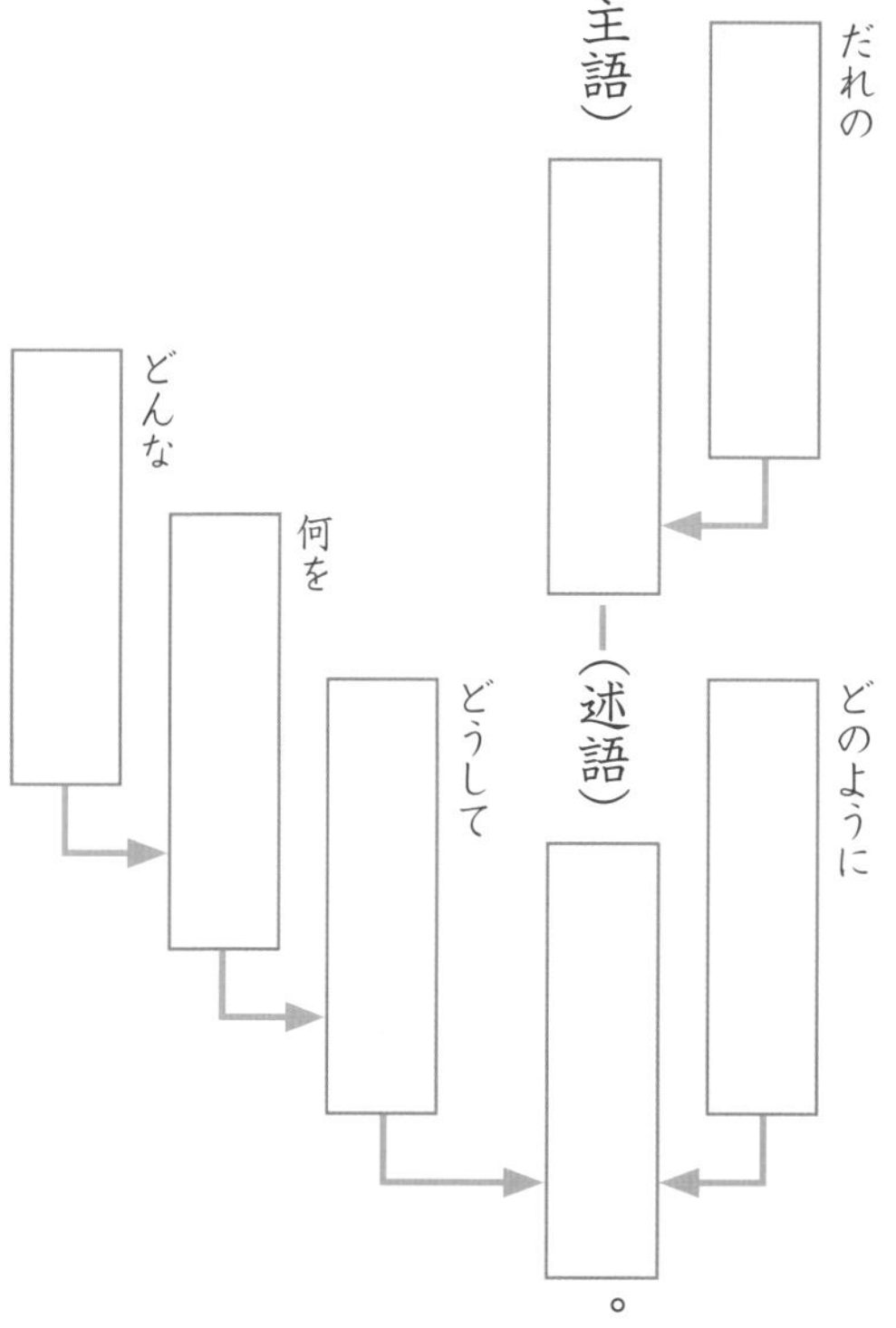

第23回

漢字の学習

照・臣・信・成・省・清・静・席

照	
部首	火
筆順	13画
音	ショウ
訓	てる・てらす・てれる

丨 冂 日 日ﾌ 日ｸ 昭 昭 昭 昭 昭 照 照 照

臣	
部首	臣
筆順	7画
音	シン・ジン
訓	—

丨 厂 厂 巨 巨 臣 臣

信	
部首	人
筆順	9画
音	シン
訓	—

ノ イ 亻' 亻亠 亻亠 信 信 信 信

成	
部首	戈
筆順	6画
音	セイ・(ジョウ)
訓	なる・なす

ノ 厂 万 戊 成 成

成　信　臣　照

省	
部首	目
筆順	9画
音	セイ・ショウ
訓	(かえりみる) はぶく

丨 丨丿 小 少 少 省 省 省 省

清	
部首	水
筆順	11画
音	セイ・(ショウ)
訓	きよい・きよまる・きよめる

丶 丶 氵 氵一 汁 氵丰 洼 清 清 清 清

静	
部首	青
筆順	14画
音	セイ・(ジョウ)
訓	しず・しずか・しずまる・しずめる

一 十 土 丰 青 青 青 静 静 静 静 静 静 静

席	
部首	巾
筆順	10画
音	セキ
訓	—

丶 亠 广 广 庐 庐 庐 庐 席 席

席　静　清　省

学習日　月　日

得点　/100点

練習しよう

□には漢字を、（　）には送りがなを書きましょう。また、〔　〕には読みがなを書きましょう。（書きは各《かく》8点・読みは各10点）

1 深く□□《はんせい》する。

2 □□《きゃくせき》からステージをみる。

3 部屋の□□《しょうめい》を消す。

4 □□《だいじん》が会見を行う。

5 子どもが□□《せいちょう》する。

6 車が□□□《あかしんごう》で止まる。

7 教室で□（　）《しずか》に待つ。

8 身を□（　）《きよめる》。

9 月が夜道を□（　）《てらす》。

10 時間のむだを□（　）《はぶく》。

11 静電気〔　〕が起こる。

12 作文を清書〔　〕する。

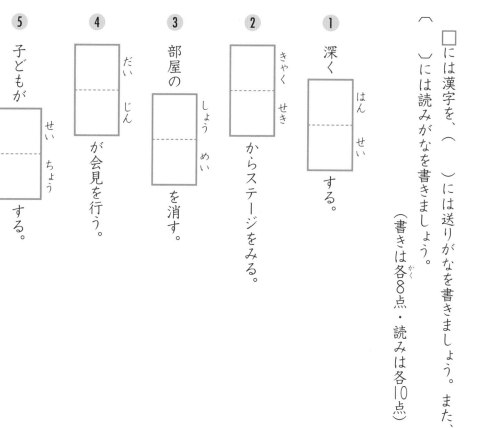

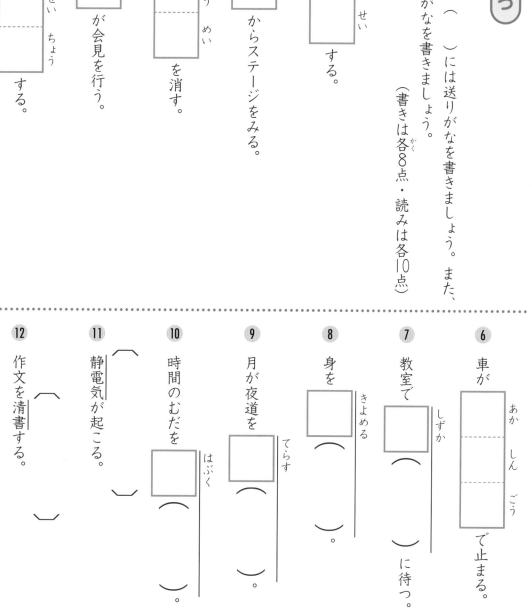

1

次の文の□にあう接続語《せつぞくご》をあとのア～エの中から一つずつ選《えら》び、（　）に記号を書きましょう。なお、同じ記号は二回使えません。（各《かく》5点）

1 この本はおもしろい。□、さし絵もきれいだ。（　）

2 このまま歩《ある》き続《つづ》けますか。□、一度休みますか。（　）

3 試合《しあい》には勝てなかった。□、自分の実力を出し切れたから、後悔《こうかい》はない。（　）

4 回覧板《かいらんばん》をとどけにうかがいました。□、お母さんはお元気ですか。（　）

ア それとも　イ しかし
ウ ところで　エ そのうえ

2

次の文の□にあう文をあとのア・イから一つずつ選《えら》び、（　）に記号を書きましょう。（各5点）

1
・兄に勉強を教えてもらったので、□。（　）
・兄に勉強を教えてもらったが、□。（　）

ア テストでよい点数が取れた
イ テストでよい点数は取れなかった

2
・本州とこの島を結《むす》ぶ橋ができれば、□。（　）
・本州とこの島を結ぶ橋ができても、□。（　）

ア この島に人はあまり来ないだろう
イ この島に人がたくさん来るだろう

学習日　月　日

得点　／100点

3 次の文の――の接続語を言いかえる言葉としてあうものをあとの**ア**〜**ウ**の中から一つずつ選び、（　）に記号を書きましょう。（各6点）

1 全員そろったね。では、会議《かいぎ》を始めようか。（　）

2 姉は頭がよい。しかも、スポーツ万能《ばんのう》だ。（　）

3 イギリスの首都、すなわちロンドンへ行きます。（　）

ア つまり　**イ** さて　**ウ** それに

4 次の文の□にあう接続語を考えて書きましょう。（各6点）

1 終業のチャイムが鳴った。□、授業《じゅぎょう》はそのまま続けられた。

2 キャンプの夜、みんなで囲《かこ》んでいたたき火を消した。□、辺《あた》りは真っ暗になった。

5 接続語を使って、1・2は二つの文に、3は一つの文に書き直しましょう。（各10点）

1 夜の七時に夕食を食べ、八時からテレビを見た。

2 犯人《はんにん》はあわててその場からにげ出したものの、すぐにつかまった。

3 しめ切りがすぎていた。したがって、コンテストへの参加《さんか》は間に合わなかった。

第25回 漢字の学習

積・折・節・説・浅・戦・選・然

漢字	部首	画数	音	訓
積	禾	16画	セキ	つむ・つもる
折	手	7画	セツ	おる・おり・おれる
節	竹	13画	セツ・(セチ)	ふし
説	言	14画	セツ・(ゼイ)	とく
浅	水	9画	(セン)	あさい
戦	戈	13画	セン	(いくさ)・たたかう
選	辶	15画	セン	えらぶ
然	火	12画	ゼン・ネン	―

学習日 月 日

得点 ／100点

練習しよう

□には漢字を、（　）には送りがなを書きましょう。また、（　）には読みがなを書きましょう。

（書きは各《かく》8点・読みは各10点）

1 □《せん》争《そう》が終わる。

2 □《し》□《ぜん》にかこまれたくらし。

3 次の角を□《さ》□《せつ》する。

4 雨の多い□《き》□《せつ》。

5 市長の□《せん》□《きょ》がある。

6 行事の□《せつ》□《めい》をする。

7 □《めん》□《せき》の広い土地。

8 □（　　）《あさい》川で泳ぐ。

9 好《す》きな洋服を□（　　）《えらぶ》。

10 花のくきが□（　　）《おれる》。

11 天然（　　）の温泉《おんせん》に入る。

12 命の大切さを説（　　）く。

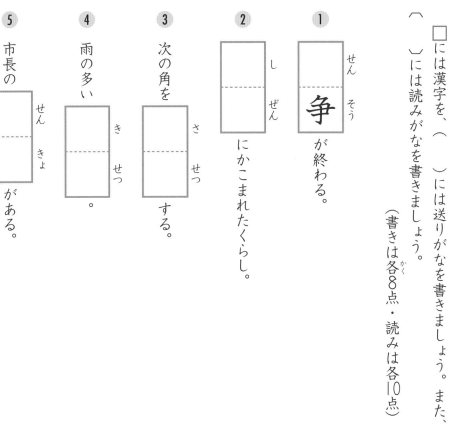

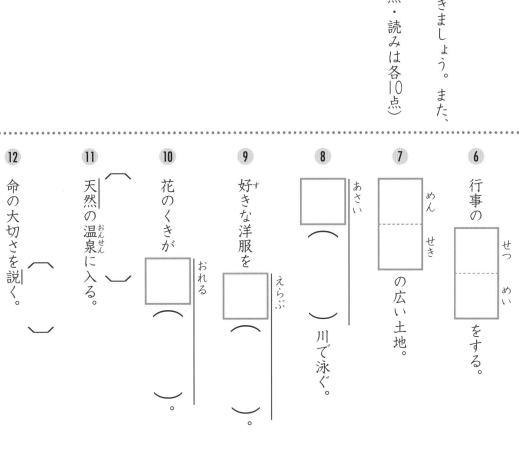

文の組み立て 意味をつけ加《くわ》える言葉 ①

学習日　月　日

得点　／100点

ポイント

動詞《どうし》（動きを表す言葉）などのあとにつき、いろいろな意味をつけ加《くわ》える言葉があります。ここでは、「れる・られる」と「せる・させる」の二つの言葉を学びましょう。

●れる・られる

・受け身……ほかのものから動作を受ける意味を表す。

《例》多くの人に読まれる本。

・可能《かのう》……「〜できる」という意味を表す。

《例》目覚《めざ》まし時計がなくても起きられる。

●せる・させる

・使役《しえき》……ほかのものに、何かを命じたり、何かの動作をさせたりする意味を表す。

《例》教室の　みんなが　笑《わら》う。

先生が、　教室の　みんなを　笑わせる。

●「れる・られる」／「せる・させる」の使い分け

「れる」と「られる」、「せる」と「させる」のどちらを使うかは、前にある動詞の種類《しゅるい》によって決まります。見分けるときは、**前にある動詞に「ない」をつけてたしかめましょう。**

・「ない」の直前がア段《だん》の音になる場合

……「れる」「せる」を使う

《例》読む（読まない）→読まれる／読ませる

書く（書かない）→書かれる／書かせる

・「ない」の直前がア段以外《いがい》の音になる場合

……「られる」「させる」を使う

《例》見る（見ない）→見られる／見させる

答える（答えない）→答えられる／答えさせる

たとえば、「見られる」とすべきところを「見れる」とすると「らぬき言葉」となり、あやまりです。「れる」と「られる」、「せる」と「させる」の使い分けには注意しましょう。

1 次の文の――の言葉は、**ア**「受け身」・**イ**「可能」のうち、どちらの意味を表していますか。（　）に記号を書きましょう。（各《かく》5点）

1 ぼくのジュースを姉に勝手に飲まれる。（　）

2 わり算をすれば答えは求められる。（　）

3 病院の受付《うけつけ》で、自分の名前がよばれる。（　）

4 全問正解《せいかい》して、先生にほめられる。（　）

2 次の**ア**～**ウ**の――の言葉の中で、ほかと意味がちがうものを一つずつ選《えら》び、記号を○で囲《かこ》みましょう。（各10点）

1
ア 小がらな母はわたしの服も着られる。
イ 知らない人から駅の場所をたずねられる。
ウ 兄はボールを遠くまで投げられる。

2
ア 赤ちゃんにじっと見つめられる。
イ 授業中《じゅぎょうちゅう》に先生に指名される。
ウ 好《す》ききらいなく何でも食べられる。

3 次の文を（　）の指示《しじ》にしたがって、「使役」の意味を表す文に書き直しましょう。（各20点）

1 ぼくが新聞を取りに行く。
（「父がさせる」という意味になるように）

2 わたしは毎日ピアノを練習する。
（「母がさせる」という意味になるように）

3 ゆりかごの中の赤ちゃんが泣《な》きやんだ。
（「わたしがさせる」という意味になるように）

知っていたら かっこいい！

「れる・られる」は、「受け身」「可能」のほかに、「尊敬《そんけい》」の意味を表すことがあるよ。
《例》 校長先生がわたしたちに話される。

第27回 漢字の学習

争・倉・巣・束・側・続・卒・孫

漢字	部首	画数	音	訓
争	亅	6画	ソウ	あらそう
倉	人	10画	ソウ	くら
巣	⺍	11画	（ソウ）	す
束	木	7画	ソク	たば
側	人	11画	ソク	がわ〈かわ〉
続	糸	13画	ゾク	つづく・つづける
卒	十	8画	ソツ	—
孫	子	10画	ソン	まご

学習日 月 日

得点 /100点

練習しよう

□には漢字を、（　）には送りがなを書きましょう。また、（　）には読みがなを書きましょう。（書きは各《かく》8点・読みは各10点）

1 ビルの□□《そくめん》のかべ。

2 小学校の□□□《そつぎょうしき》。

3 けが人が□□《ぞくしゅつ》する。

4 □《まご》に名前を付《つ》ける。

5 荷物を□□《そうこ》に運ぶ。

6 鳥のひなが□《す》立《だ》つ。

7 道路の□□《みぎがわ》を歩く。

8 ばらの□□《はなたば》をおくる。

9 姉と言い□（　）《あらそう》。

10 雨がふり□（　）《つづく》。

11 子孫（　）に土地を残《のこ》す。

12 米を倉（　）にしまう。

第28回

文の組み立て

意味をつけ加《くわ》える言葉 ②

学習日　月　日

得点　／100点

ポイント

意味をつけ加《くわ》える言葉について、今回は「れる・られる」「せる・させる」以外《いがい》の言葉を学びましょう。

●ない

・「〜ない」という「打ち消し」の意味を表す。

《例》今日はテレビを見ない。

●う・よう

・たしかでないことを予想する「推量《すいりょう》」の意味を表す。

《例》春になれば、さくらが満開《まんかい》になるだろう。

・話し手の「意志《いし》」や、相手をさそいかける「かんゆう」の意味を表す。

《例》お昼休みにいっしょにドッジボールをしよう。

●たい

・「〜したい」という「希望《きぼう》」の意味を表す。

《例》ぼくは将来《しょうらい》、医者になりたい。

●た（だ）

・すでに過《す》ぎ去《さ》った「過去《かこ》」の意味を表す。

《例》昨年《さくねん》の正月は、家族全員でカルタをした。

●そうだ

・「そういう様子だ」という「様態《ようたい》」の意味を表す。

《例》空が急に暗くなって、今にも雨がふりそうだ。

・他人から聞いたという「伝聞《でんぶん》」の意味を表す。

《例》電車が事故《じこ》でおくれるそうだ。

●だ

・物事を言い切る「断定《だんてい》」の意味を表す。

《例》サッカーの試合《しあい》開始は夜の八時だ。

「過去」の「た」は、「きのうは友達《ともだち》と遊んだ。」のように、「だ」とにごる場合があるよ。

1 次の文の――の言葉の意味をあとのア〜ウの中から一つずつ選《えら》び、（　）に記号を書きましょう。（各《かく》8点）

1 大会で、わたしのチームが勝った。（　）

2 これがいちばんおもしろい本だ。（　）

3 今日は早めにおふろに入ってねよう。（　）

ア 断定　イ 意志　ウ 過去

2 次のア〜ウの――の言葉の中で、ほかと意味がちがうものを一つずつ選び、記号を○で囲《かこ》みましょう。（各8点）

1
ア 明日は全国的に晴れるそうだ。
イ 今日の遠足は中止だそうだ。
ウ そろそろ花火が終わりそうだ。

2
ア わたしのおじさんは先生だ。
イ 山頂《さんちょう》で「やっほー」とさけんだ。
ウ プールで百メートルも泳いだ。

3 この回で学んだ言葉のうち、（　）の意味を表す言葉を使って、次の文を書き直しましょう。（各15点）

1 来年の夏休みにホームステイをする。（希望）

2 今日は夕飯《ゆうはん》を家で食べる。（打ち消し）

3 母へのプレゼントにカーネーションを買う。（意志）

4 体育の時間に、グラウンドを三周走る。（過去）

第29回

帯・隊・達・単・置・仲・兆・低

漢字の学習

学習日　月　日

得点　/100点

漢字	部首	画数	音	訓
帯	巾	10画	タイ	おびる・おび
隊	阝	12画	タイ	―
達	辶	12画	タツ	―
単	⺍	9画	タン	―
置	罒	13画	チ	おく
仲	人	6画	(チュウ)	なか
兆	儿	6画	チョウ	(きざす)・(きざし)
低	人	7画	テイ	ひくい・ひくめる・ひくまる

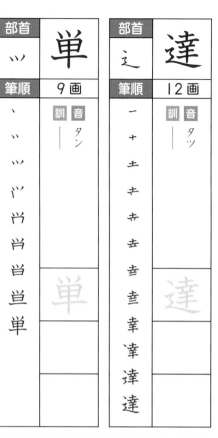

練習しよう

□には漢字を、（　）には送りがなを書きましょう。また、（　）には読みがなを書きましょう。（書きは各《かく》8点・読みは各10点）

1 □《なか》のよい兄弟。

2 □□□《おんがくたい》のえんそう。

3 □□□《いっちょうえん》の予算。

4 妹は□□□《ていがくねん》だ。

5 家具の□□《はいち》を考える。

6 メートルは長さの□□《たんい》だ。

7 目的《もくてき》を□□《たっせい》する。

8 手をひざのうえに□《お》く。

9 熱《ねっ》を□（　）《おびる》。

10 水の温度が□（　）《ひくい》。

11 ふん火の兆候（　）が見られる。

12 日本の火山帯（　）。

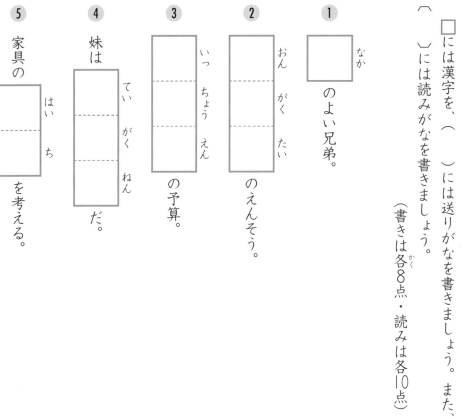

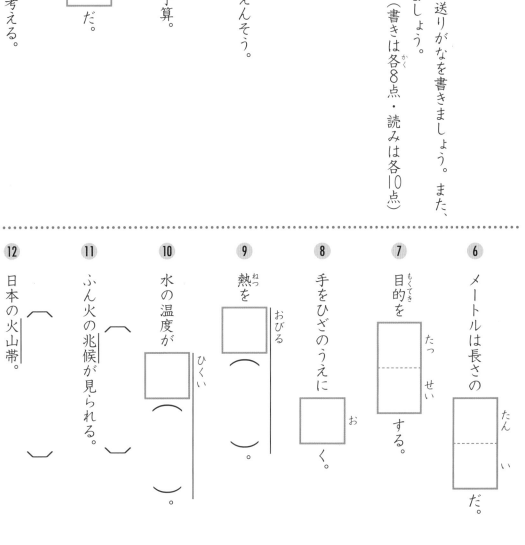

学習日　月　日

得点　／100点

1 次の文の――の慣用句《かんようく》の意味をあとの**ア**～**エ**の中から一つずつ選《えら》び、（　）に記号を書きましょう。（各《かく》5点）

1 人の顔にどろをぬるようなことをしてはいけない。（　）

2 きみが転校するなんて、寝耳《ねみみ》に水で信《しん》じられない。（　）

3 彼《かれ》は、目上の人にも歯に衣《きぬ》着せぬ物言いをする。（　）

4 生徒会長《せいとかいちょう》をつとめ上げ、ようやくかたの荷が下りる。（　）

ア えんりょせず、思ったままのことを言う。

イ せきにんのあることから解放《かいほう》され、安心する。

ウ 相手の立場をきずつけ、はじをかかせる。

エ 突然《とつぜん》のできごとにとてもおどろく。

2 次の文の□には、体の部分を表す漢字が入ります。二つの文の□に共通《きょうつう》してあてはまる漢字一字を□に書きましょう。（各5点）

1 □
・彼女《かのじょ》はあまいものに□がない。
・信じられない光景《こうけい》に□をうたがう。

2 □
・人のあげ□をとってはいけない。
・失敗《しっぱい》してチームの□を引っぱる。

3 □
・わがままな弟はぼくの□に負えない。
・友人の□を借《か》りて成功《せいこう》させる。

4 □
・じまんばかりする人の□を折《お》る。
・兄が一位《いちい》をとって□が高い。

3 次の文の□にあてはまる動物の名前を書きましょう。（各6点）

1 □の手も借りたいほどいそがしい。

2 弟の入浴《にゅうよく》はいつも□の行水《ぎょうずい》だ。

3 同じ趣味《しゅみ》をもつ田中《たなか》くんとは□が合い、よくいっしょに出かける。

4 男は細い路地ににげこんだが、警官《けいかん》にとり囲《かこ》まれて、もはやふくろの□だ。

5 二人は□猿《えん》の仲《なか》で、会えばけんかばかりしている。

6 子どもたちは、先生に見つかると□の子を散《ち》らすようににげて行った。

4 次の文章の①〜④は慣用句の一部です。（　）にあう言葉を□に書きましょう。（各6点）

ぼくたちの少年野球チームは、決勝戦《けっしょうせん》でとうとう負けてしまった。試合《しあい》のあと、がっくりとかたを落としたかんとくがロッカールームに入ってくると、室内は（①）を打ったように静《しず》まり返《かえ》った。

「次は必《かなら》ず勝とう。そのためには、地道な練習でも手をぬくことなく、毎日続《つづ》けることだ。」

そんなかんとくの言葉を（②）にめいじ、ぼくはさらに練習にはげもうと決意した。

帰り道は、チームメンバーの山田くんと練習メニューを話し合うことにした。山田くんとは、小さいころからずっといっしょのチームで、（③）が置《お》けない仲だ。おたがいの良《よ》い点、悪い点についても（④）をわって話すことができる。話し合ったことを明日からの練習にいかしたいと思う。

① □　② □

③ □　④ □

第31回 漢字の学習 底・的・典・伝・徒・努・灯・働

漢字	部首	画数	筆順	音	訓
底	广	8画	丶 亠 广 广 庀 庀 底 底	テイ	そこ
的	白	8画	ノ ㇀ 白 白 白 的 的 的	テキ	まと
典	八	8画	丨 冂 巾 曲 曲 曲 典 典	テン	―
伝	人	6画	ノ 亻 仁 仁 伝 伝	デン	つたわる・つたえる・つたう
徒	彳	10画	ノ ク 彳 行 往 往 往 往 徒 徒	ト	―
努	力	7画	く 女 女 奴 奴 努 努	ド	つとめる
灯	火	6画	丶 丷 火 火 火 灯	トウ	(ひ)
働	人	13画	ノ 亻 亻 亻 亻 亻 伯 伯 俥 俥 偅 働 働	ドウ	はたらく

学習日 月 日

得点 /100点

練習しよう

□には漢字を、（　）には送りがなを書きましょう。また、〔　〕には読みがなを書きましょう。（書きは各《かく》8点・読みは各10点）

1 □□《でんせつ》に出てくる人物。

2 駅まで□□《とほ》で行く。

3 □□□《せっきょくてき》な意見。

4 目標《もくひょう》に向かって□□《どりょく》する。

5 かいちゅう□□《でんとう》をつける。

6 労《ろう》□《どう》時間が長い。

7 学校の□□《しきてん》に出席《しゅっせき》する。

8 □□《かいてい》を通るトンネル。

9 会社で□（　）《はたらく》。

10 思いを□（　）《つたえる》。

11 世界の注目の的〔　〕。

12 川底〔　〕の石を拾う。

第32回 ことわざ

言葉をふやす

1 次の言葉に続《つづ》くものを下から選《えら》び、線で結《むす》びましょう。また、そのことわざの意味をあとの**ア**～**エ**の中から一つずつ選び、（　）に記号を書きましょう。（両方できて各《かく》6点）

1 どんぐりの　・　　・山となる

2 果報《かほう》は　・　　・産《う》むがやすし

3 ちりも積《つ》もれば　・　　・ねて待て

4 案《あん》ずるより　・　　・せいくらべ

〈意味〉

1（　　）　2（　　）

3（　　）　4（　　）

ア 幸運はあせらずに待っているのがよい。

イ 少しのものでも積み重なれば大きくなる。

ウ 心配なことも、実際《じっさい》にやってみると案外たやすい。

エ どれも同じ程度《ていど》で、とくにすぐれているものがない。

2 次の文の□にあてはまる漢数字を入れましょう。また、そのことわざの意味をあとの**ア**～**ウ**の中から一つずつ選び、（　）に記号を書きましょう。（すべてできて各8点）

1 □兎《と》を追うものは□兎をも得《え》ず　（　　）

2 □聞は□見にしかず　（　　）

3 □つ子のたましい□まで　（　　）

ア おさないころの性格《せいかく》は年をとっても変《か》わらない。

イ 何度も人から聞くよりも、一度でも実際に自分の目で見るほうがたしかである。

ウ 同時に二つのことをしようとよくばると、どちらもうまくいかないものだ。

学習日　月　日

得点　／100点

3 次の文の――①・②のことわざとにた意味のものをあとの**ア**〜**エ**の中から一つずつ選び、（　）に記号を書きましょう。（各5点）

朗読《ろうどく》が得意《とくい》な姉だが、今日の発表会では失敗《しっぱい》してしまったらしい。まさに①さるも木から落ちるだ。しかも帰り道では転んでしまい、ひざをすりむいたそうだ。姉は②弱り目にたたり目だとなげいていた。

① （　　）　② （　　）

ア 二度あることは三度ある　**イ** 泣《な》き面《つら》にはち
ウ 弘法《こうぼう》にも筆のあやまり　**エ** 身から出たさび

4 次のことわざと反対の意味のものをあとの**ア**〜**エ**の中から一つずつ選び、（　）に記号を書きましょう。（各5点）

1 瓜《うり》のつるになすびはならぬ　（　　）
2 立つ鳥あとをにごさず　（　　）

ア 後は野となれ山となれ　**イ** とびがたかを生む
ウ かえるの子はかえる　**エ** 転ばぬ先のつえ

5 □に言葉を書き、次の文の様子を表すことわざを完《かん》成《せい》させましょう。（各8点）

1 練習のやり方について、コーチにきびしく注意を受けた。そのときはつらかったものの、そのとおりにやり方を変えたら、目に見えて効果《こうか》があらわれた。
→ □は口に苦し

2 今回の優勝《ゆうしょう》を勝ち取ったチームに、さらにすばらしいメンバーが加《くわ》わった。
→ □に金棒《かなぼう》

3 マイペースな弟は、わたしがどれほど言葉をつくしてしかっても聞き入れる様子がない。
→ □に念仏《ねんぶつ》

4 友達《ともだち》の木村くんは頭がよく、みんなをまとめるだけの統率力《とうそつりょく》をそなえているが、ふだんはそんな様子を見せることなく、リーダーを助ける立場にてっしている。
→ 能《のう》あるたかは□

第33回 漢字の学習

特・熱・念・敗・梅・博・飯・飛

漢字	部首	筆順（画数）	音	訓
特	牛	10画	トク	—
熱	火	15画	ネツ	あつい
念	心	8画	ネン	—
敗	攵	11画	ハイ	やぶれる
梅	木	10画	バイ	うめ
博	十	12画	ハク・(バク)	—
飯	食	12画	ハン	めし
飛	飛	9画	ヒ	とぶ・とばす

学習日　月　日

得点　／100点

練習しよう

□には漢字を、（　）には送りがなを書きましょう。また、〔　〕には読みがなを書きましょう。
（書きは各《かく》8点・読みは各10点）

1 □□《ゆうはん》のしたくをする。

2 鳥が空を□《と》ぶ。

3 □□□《はくぶつかん》をおとずれる。

4 □《ねん》のため、かさを持って行く。

5 □□《とくてい》の場所に集まる。

---

6 □《うめ》のつぼみがふくらむ。

7 にぎり□《めし》を食べる。

8 空にうかぶ□□□《ひこうせん》。

9 ゲームで弟に□（　）《やぶれる》。

10 □（　）《あつい》湯でやけどをする。

11 実験《じっけん》に失敗する。〔　〕

12 熱心に練習する。〔　〕

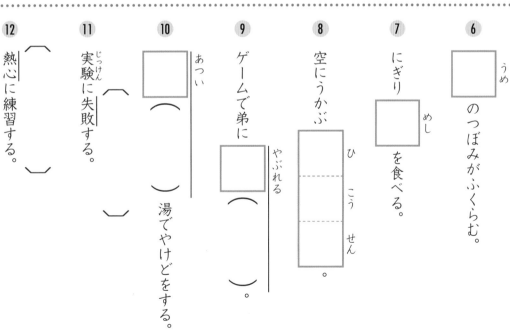

第34回

言葉のきまり

熟語《じゅくご》の組み立て

学習日　月　日

得点　／100点

ポイント

熟語《じゅくご》（二つ以上の漢字が組み合わさって一つの言葉になったもの）の組み立てにはいくつかの種類《しゅるい》があります。二字熟語の場合は、上と下の漢字の関係《かんけい》によって次のような種類に分けられます。

●反対や対《つい》の意味の漢字を組み合わせたもの

《例》　左右（左⇕右）　長短（長い⇕短い）

売買（売る⇕買う）　問答（問う⇕答える）

●にた意味の漢字を組み合わせたもの

《例》　絵画（絵＋画）　寒冷《かんれい》（寒い＋冷《つめ》たい）

運送（運ぶ＋送る）　起立（起きる＋立つ）

●上の漢字が下の漢字を修飾《しゅうしょく》（説明《せつめい》）する関係にあるもの

《例》　国旗《こっき》（国の↓旗《はた》）　青空（青い↓空）

楽勝（楽に↓勝つ）　親友（親しい↓友）

●「〜を」「〜に」という形で、下の漢字から上の漢字にかえって読むと意味が通じるもの

《例》　挙手《きょしゅ》（手を挙げる）　出社（社に出る）

●上の漢字と下の漢字が主語・述語《じゅつご》の関係にあるもの

《例》　県立（県が立てる）　市営《しえい》（市が営《いとな》む）

●上に「不《ふ》・非《ひ》・未《み》・無《む》」などの語がつくことによって、下の漢字の意味を打ち消す関係になっているもの

《例》　不足（不＋足りる↓足りない）

非常《ひじょう》（非＋常↓常《つね》ではない）

では、「**乗車**」は、どの組み立てにあたるでしょうか。

・上の漢字が下の漢字を修飾する関係にある（乗る↓車）

・下の漢字から上の漢字にかえって読む（車に乗る）

この二つでまようかもしれませんが、たとえば「乗車してください」＝「車に乗ってください」であると考えると、「乗車」は「車に乗る（こと）」を表していることがわかります。まようときは、**熟語の意味にもどって考えてみましょう。**

1 次の1～3は「反対や対の意味の漢字を組み合わせた熟語」、4～6は「にた意味の漢字を組み合わせた熟語」になるように、あてはまる漢字をあとの［　］の中から一つずつ選《えら》び、□に書きましょう。なお、同じ漢字は二回使えません。（各《かく》5点）

1 □敗
2 明□
3 利□
4 幸□
5 生□
6 □好

［ 良　勝　福　害　産　暗 ］

2 次の□に「不・非・未・無」のいずれかを入れて、熟語を完成《かんせい》させましょう。なお、同じ漢字は二回使えません。（各5点）

1 □定
2 □事
3 □安
4 □道

3 次の熟語と同じ組み立てのものをあとの**ア**～**カ**の中から一つずつ選び、（　）に記号を書きましょう。（各4点）

1 曲線（　）
2 加熱《かねつ》（　）
3 未明《みめい》（　）
4 民営《みんえい》（　）
5 帰国（　）
6 心身（　）
7 道路（　）
8 新緑（　）

ア 育児《いくじ》　**イ** 市立　**ウ** 天地
エ 不利《ふり》　**オ** 回転　**カ** 海底

4 次の各組みの熟語の中で、ほかと組み立ての種類がちがうものを一つずつ選び、記号を○で囲《かこ》みましょう。（各6点）

1 **ア** 弱点　**イ** 晴天　**ウ** 出発
2 **ア** 最大《さいだい》　**イ** 消火　**ウ** 着陸《ちゃくりく》
3 **ア** 願望《がんぼう》　**イ** 動静《どうせい》　**ウ** 思想

第35回

漢字の学習 必・票・標・不・夫・付・府・副

漢字	部首	画数	音	訓	筆順
必	心	5画	ヒツ	かならず	丶 ソ 义 必 必
票	示	11画	ヒョウ	—	一 丆 丙 覀 ... 票
標	木	15画	ヒョウ	—	一 十 木 ... 標
不	一	4画	フ・ブ	—	一 ア 不 不
夫	大	4画	フ・(フウ)	おっと	一 二 夫 夫
付	人	5画	フ	つける・つく	ノ イ 仁 付 付
府	广	8画	フ	—	丶 亠 广 广 庁 庁 府 府
副	刀	11画	フク	—	一 ... 副

学習日 月 日

得点 /100点

練習しよう

□には漢字を、（　）には送りがなを書きましょう。また、（　）には読みがなを書きましょう。（書きは各《かく》8点・読みは各10点）

1 □□□《ふしぎ》な力が宿る。

2 □□《ひっし》ににげる。

3 選挙《せんきょ》の□□□《とうひょうび》。

4 入り口□□《ふきん》に立つ。

5 わたしの□《おっと》は音楽家です。

6 □□□□《とどうふけん》の人口を調べる。

7 □□□《ふくかいちょう》をつとめる。

8 昆虫《こんちゅう》の□□《ひょうほん》を作る。

9 印《しるし》を□（　）《つける》。

10 約束《やくそく》は□（　）《かならず》守る。

11 不気味な静《しず》けさ。（　）

12 キュリー夫人の伝記《でんき》。（　）

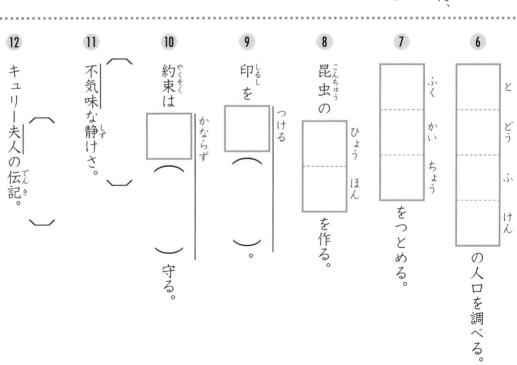

第36回

四字熟語《よじじゅくご》

言葉のきまり

学習日　月　日

得点　／100点

1 次の文の□にあう四字熟語《よじじゅくご》をあとの**ア**〜**オ**の中から一つずつ選《えら》び、（　）に記号を書きましょう。なお、同じ記号は二回使えません。（各《かく》2点）

1 今日かいた絵はわれながら上出来だと□する。（　）

2 二つの国の争《あらそ》いは□をくり返し、決着がつかない。（　）

3 つかれのせいか、父は□にねむりこんでいる。（　）

4 小学生がこのコンクールで優勝《ゆうしょう》するなんて、□のできごとだ。（　）

5 今回の結果《けっか》は良《よ》かったけれど、いつもうまくいくとはかぎらないから□だよ。（　）

ア 前代未聞《ぜんだいみもん》　**イ** 自画自賛《じがじさん》　**ウ** 油断大敵《ゆだんたいてき》

エ 前後不覚《ぜんごふかく》　**オ** 一進一退《いっしんいったい》

2 次のように読む四字熟語を漢字で書きましょう。また、その意味をあとの**ア**〜**ウ**の中から一つずつ選び、（　）に記号を書きましょう。（両方できて各6点）

1 かちょうふうげつ　□□□□・（　）

2 いっせきにちょう　□□□□・（　）

3 でんこうせっか　□□□□・（　）

ア 自然《しぜん》の美しい風景《ふうけい》のこと。

イ 非常《ひじょう》に短い時間。動作がとてもすばやいこと。

ウ 一つのことをして、二つの利益《りえき》を得《え》ること。

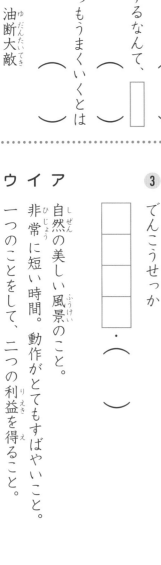

3 次の意味の四字熟語になるように、□にあう漢字を書きましょう。また、その読み方を□に書きましょう。（すべてできて各8点）

1 たえず進歩を続《つづ》けること。

□進□歩・□

2 名前は立派《りっぱ》だが、中身がともなわないこと。

有名□□・□

3 やるべきことをだまって行うこと。

□□実行・□

4 だれに対しても悪く思われないようにふるまうこと。

□□美人・□

5 多くのものがあって、それぞれがちがっていること。

□差□別・□

4 次の文の——の四字熟語には、漢字のまちがいが一字ずつふくまれています。正しく書き直しましょう。（各8点）

1 おさななじみの友人とは、意心伝心の仲《なか》だ。

□□□□

2 チームで一身同体となって、課題《かだい》を解決《かいけつ》していこう。

□□□□

3 新学期になったので、心気一転して勉強にはげむ。

□□□□

4 父は家に帰ってくるなり、短刀直入に話を切り出した。

□□□□

これができるとかっこいい！

「一朝一夕《いっちょういっせき》」「一長一短《いっちょういったん》」のように漢数字をふくむ四字熟語は、問題でよく出題されるよ。意味を区別《くべつ》しながら覚《おぼ》えよう。

兵・別・辺・変・便・包・法・望

部首	変
夂	
筆順	9画
	訓 音 かわる・かえる ヘン

丶　亠　ナ　ナ　亦　亦　亦　变　変

変

部首	辺
辶	
筆順	5画
	訓 音 あたり ヘン べ

フ　刀　刃　辺　辺

辺

部首	別
刀	
筆順	7画
	訓 音 わかれる ベツ

丶　口　口　号　另　別　別

別

部首	兵
八	
筆順	7画
	訓 音 ― ヘイ・ヒョウ

丿　亻　⺃　斤　丘　兵　兵

兵

部首	望
月	
筆順	11画
	訓 音 のぞむ ボウ・(モウ)

丶　亠　七　七　切　胡　胡　望　望　望　望

望

部首	法
水	
筆順	8画
	訓 音 ― ホウ・(ハッ)・(ホッ)

丶　氵　氵　汁　決　法　法

法

部首	包
勹	
筆順	5画
	訓 音 つつむ ホウ

丿　勹　勹　勹　包

包

部首	便
人	
筆順	9画
	訓 音 たより ベン・ビン

丿　亻　亻　仁　佢　佢　佢　便　便

便

学習日

月

日

得点

／100点

練習しよう

□には漢字を、（　）には送りがなを書きましょう。また、〔　〕には読みがなを書きましょう。（書きは各《かく》8点・読みは各10点）

1 □□《へいたい》が行進する。

2 雲の形が□□《へんか》する。

3 うでに□□《ほうたい》をまく。

4 新しい□□《ほうほう》を思いつく。

5 駅の□□《きんぺん》に宿をとる。

6 弟と部屋を□《べつ》にする。

7 姉から□（　）《たより》がとどく。

8 世界の平和を□（　）《のぞむ》。

9 つくえの向きを□（　）《かえる》。

10 友達《ともだち》と駅で□（　）《わかれる》。

11 交通が不便〔　〕だ。

12 おかしを紙に包〔　〕む。

第38回

言葉のきまり

熟語《じゅくご》の読み方・熟語パズル

学習日　月　日

得点　／100点

ポイント

漢字には、中国での発音が伝《つた》わった**音読み**と日本の言葉を漢字にあてはめた**訓読《くんよ》み**とがあります。音読みにくらべ、訓読みは読みを聞けば意味のわかるものが多くあります。

二つの漢字が組み合わさった二字熟語《じゅくご》は、上下の漢字それぞれが音読みか訓読みかによって、次の四つの種類《しゅるい》に分けることができます。

●上下とも音読みのもの
《例》学習（ガクシュウ）　消火（ショウカ）

●上下とも訓読みのもの
《例》指先（ゆびさき）　品物（しなもの）

●上が音読み、下が訓読みのもの（重箱読み）
《例》重箱（ジュウばこ）　台所（ダイどころ）

●上が訓読み、下が音読みのもの（湯桶《ゆとう》読み）
《例》見本（みホン）　合図（あいズ）

1 次の熟語の読み方をひらがなで□に書きましょう。また、その読み方の種類をあとの**ア**～**エ**の中から一つずつ選《えら》び、（　）に記号を書きましょう。

（両方できて各《かく》10点）

① 茶色　□・（　）

② 家路　□・（　）

③ 加熱　□・（　）

④ 消印　□・（　）

ア　上下とも音読みのもの

イ　上下とも訓読みのもの

ウ　上が音読み、下が訓読みのもの

エ　上が訓読み、下が音読みのもの

2 次の熟語と読み方の種類が同じものをあとの**ア**～**エ**の中から一つずつ選び、（　）に記号を書きましょう。（各5点）

1 菜種（　　）　2 手順（　　）
3 治安（　　）　4 味方（　　）

ア 残高　**イ** 横顔　**ウ** 夕刊　**エ** 努力

3 次の各組みの熟語の中で、ほかと読み方の種類がちがうものを一つずつ選び、記号を○で囲《かこ》みましょう。（各4点）

1 **ア** 無口　**イ** 仕事　**ウ** 客間　**エ** 酒場
2 **ア** 写真　**イ** 登板　**ウ** 手帳　**エ** 気楽

知っていたら かっこいい！

音と訓をまちがえやすい漢字を覚《おぼ》えておこう。
・訓読みとまちがえやすいもの
……絵（エ）・王（オウ）・本（ホン）
・音読みとまちがえやすいもの
……魚（うお）・荷（に）・屋（や）・輪（わ）

4 次の↕は対義語《たいぎご》、――は類義語《るいぎご》を表します。《例》にならって、□にあう漢字を組み合わせて二字熟語を作りましょう。（すべてできて各8点）

《例》 垂直《すいちょく》 ↕ 水[平]＋洋室 ↕ [和]室 → [平][和]

1 戸外――□外＋下品 ↕ □品 → □□
2 長所――□点＋自然 ↕ □工 → □□

5 次の□に漢字一字を入れ、↓にしたがって読むと、二字熟語がそれぞれ四つできます。□に入る漢字一字を書きましょう。（各8点）

1 旅↓□、成→□、□→魚、□↓材
2 動↓□、食→□、□→語、□↓音

第39回

漢字の学習

牧・未・満・末・民・無・約・勇

学習日　月　日

得点　／100点

牧

部首：牛

筆順：8画　ノ 𠂉 牛 牛 牜 牪 牧 牧

音：ボク

訓：(まき)

末

部首：木

筆順：5画　一 二 キ 末 末

音：マツ・(バツ)

訓：すえ

満

部首：水

筆順：12画　丶 氵 氵 氵 汁 汁 泄 泄 浩 満 満 満

音：マン

訓：みちる・みたす

未

部首：木

筆順：5画　一 二 キ 未 未

音：ミ

訓：—

民

部首：氏

筆順：5画　フ コ 尸 尸 民

音：ミン

訓：(たみ)

無

部首：火

筆順：12画　ノ 𠂉 仁 午 年 無 無 無 無 無 無 無

音：ム・ブ

訓：ない

約

部首：糸

筆順：9画　く 幺 幺 糸 糸 糸 糸 約 約

音：ヤク

訓：—

勇

部首：力

筆順：9画　マ マ 卩 丙 甬 甬 甬 勇 勇

音：ユウ

訓：いさむ

練習しよう

□には漢字を、（　）には送りがなを書きましょう。また、（　）には読みがなを書きましょう。（書きは各《かく》8点・読みは各10点）

1 □□《ゆうき》を出す。

2 十年後の□□《みらい》をうらなう。

3 □□《ぼくじょう》で羊をかう。

4 レストランを□□《よやく》する。

5 □□《しゅうまつ》に友達《ともだち》と遊ぶ。

6 コップに水を□（　）《みたす》。

7 □□□《こうみんかん》に集まる。

8 お金が□《な》くなる。

9 よく考えた□《すえ》に決める。

10 □（　）《いさましい》行進曲が流れる。

11 無事（　）に家に着く。

12 さくらが満開（　）になる。

第40回

言葉のきまり

特別《とくべつ》な読み方をする熟語《じゅくご》

学習日　月　日

得点　／100点

1 熟語《じゅくご》になることにより読み方が変《か》わる漢字があります。《例》にならって、もとの――の漢字の読み方と、熟語の読み方をひらがなで□に書きましょう。（両方できて各《かく》4点）

《例》上着　［うえ］＋き＝［うわぎ］

1 白波　□＋なみ＝□

2 雨雲　□＋くも＝□

3 船旅　□＋たび＝□

4 読点　□＋てん＝□

5 酒屋　□＋や＝□

2 次の文の――の言葉を漢字に直して□に書きましょう。なお、送りがなが必要《ひつよう》なものは送りがなも書きましょう。（各6点）

1 じょうずに字を書く。　□

2 おいしいくだものを食べる。　□

3 けさは六時に起きた。　□

4 雲一つないまっさおな空。　□

5 母の仕事をてつだう。　□

6 新しいとけいを買う。　□

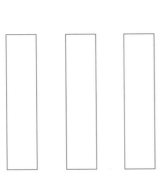

3 次の――の熟語は特別《とくべつ》な読み方をします。読み方をひらがなで（　）に書きましょう。（各3点）

1 川原の石を拾う。（　　　）

2 八百屋さんでトマトを買う。（　　　）

3 七夕の日にささをかざる。（　　　）

4 今年の目標《もくひょう》は早寝《はやね》早起きだ。（　　　）

5 自分の部屋をそうじする。（　　　）

6 大人の意見を聞く。（　　　）

7 清水のわき出るいずみ。（　　　）

8 まどから景色をながめる。（　　　）

4 次の文章の――①～⑤の熟語は特別な読み方をします。読み方をひらがなで□に書きましょう。（各4点）

今日は家族でハイキングに出かけた。本当は今月の①一日の予定だったが、あいにくの雨で②二十日の今日に延期《えんき》になったのだ。朝からハイキングにもってこいの晴天で、家族みんなが③笑顔になった。

父の運転する車で二時間ほどドライブをして、目的《もくてき》の山に着いた。澄《す》んだ④心地よい空気の中、母の手作りの弁当《べんとう》を食べたり、スケッチをしたりして楽しんだあと、⑤名残おしい気持ちで家路についた。

① □　② □　③ □

④ □　⑤ □

知っていたらかっこいい！

特別な読み方をする熟語はほかにもあるよ。

・小豆（あずき）　・息子（むすこ）
・土産（みやげ）　・五月雨（さみだれ）
・梅雨（つゆ）　・三味線（しゃみせん）

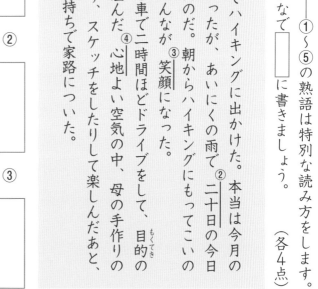

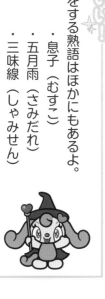

第41回 漢字の学習 要・養・浴・利・陸・良

部首	要	部首	養	部首	浴	部首	利
西		食		水		刀	
筆順	9画	筆順	15画	筆順	10画	筆順	7画
一 丆 襾 襾 襾 襾 覀 要 要	音 ヨウ 訓 かなめ (いる)	丷 䒑 䒑 羊 羊 美 美 养 养 养 养 养 養 養 養	音 ヨウ 訓 やしなう	丶 氵 氵 氵 氵 氵 氵 浴 浴 浴	音 ヨク 訓 あびる・あびせる	ノ 二 千 禾 禾 利 利	音 リ 訓 (きく)

部首	陸	部首	良
阝		艮	
筆順	11画	筆順	7画
７ 阝 阝 阝 阝 阝 阝 陸 陸 陸 陸	音 リク 訓 —	丶 ㇉ ㇌ ㇌ 自 自 良	音 リョウ 訓 よい

学習日 月 日

得点 /100点

練習しよう

□には漢字を、（　）には送りがなを書きましょう。また、〔　〕には読みがなを書きましょう。（書きは各《かく》8点・読みは各10点）

1 □□□《かいすいよく》に行く。

2 今日は体調が□《よ》い。

3 船が□□《りくち》に近づく。

4 □□《べんり》な道具を使う。

5 □□《ひつよう》なものをそろえる。

6 飛行機《ひこうき》が空港に□□《ちゃくりく》する。

7 運動会で□□《しょうり》をおさめる。

8 チームの□《かなめ》となる。

9 親が子を□（　）《やしなう》。

10 注目を□（　）《あびる》。

11 機械《きかい》を改良する。〔　　〕

12 栄養満点《まんてん》の食事。〔　　〕

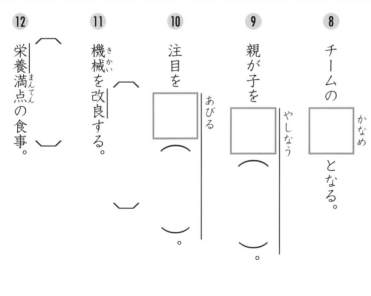

第42回

漢字のきまり

漢和辞典《じてん》の引き方・漢字の成《な》り立《た》ち

学習日　月　日

得点　/100点

ポイント

漢和辞典《じてん》で漢字を調べるときは、次の三種類《しゅるい》のさくいんで引くことができます。

●音訓《おんくん》さくいん
漢字の読み方がわかっているときに使います。読み方は五十音順《じゅん》にならんでいます。また、同じ読み方の漢字は、画数の少ないものからならんでいます。

●部首さくいん
漢字の部首がわかっているときに使います。部首は画数の少ないものからならんでいます。また、同じ部首の漢字は、画数の少ないものからならんでいます。

●総画《そうかく》さくいん
漢字の読み方も部首もわからないときに使います。画数の少ないものからならんでいます。また、同じ総画の漢字は、部首の画数が少ないものからならんでいます。

《例》「湖」の漢字を漢和辞典で調べるとき
・音訓さくいん→音読みの「コ」、または訓読みの「みずうみ」でさがす。
・部首さくいん→まず「さんずい」（三画）で引き、その中から画数順でさがす。
・総画さくいん→総画数十二画のところをさがす。

●漢字の成《な》り立《た》ち
漢和辞典を引くと、漢字の成り立ちがのっています。成り立ちには、次の四つがあります。
・象形《しょうけい》文字……物の形をかたどったもの。《例》衣・民
・指事《しじ》文字……形のない物事を点や線などで表したもの。《例》三・中
・会意《かいい》文字……いくつかの文字を組み合わせて別《べつ》の意味を表したもの。《例》加・孫
・形声《けいせい》文字……音を表す文字と意味を表す文字を組み合わせたもの。《例》課・積

1 次のようなとき、漢和辞典のどのさくいんを使ったらよいですか。**ア**～**ウ**の中から一つずつ選《えら》び、（　）に記号を書きましょう。なお、同じ記号は二回使えません。（各《かく》6点）

1 「関」という漢字の部首が「もんがまえ」であることだけがわかっているとき。（　）

2 「令」という漢字について、読み方も部首もわからないとき。（　）

3 「願」という漢字の訓読みが「ねが（う）」であることだけがわかっているとき。（　）

ア 音訓さくいん　**イ** 部首さくいん

ウ 総画さくいん

2 次の**ア**～**エ**の漢字を部首さくいんで引いたとき、いちばん先に出てくるものの記号を〇で囲《かこ》みましょう。（各6点）

1 **ア** 説　**イ** 試　**ウ** 調　**エ** 課

2 **ア** 候　**イ** 健　**ウ** 働　**エ** 便

3 **ア** 達　**イ** 選　**ウ** 連　**エ** 遊

3 次の漢字の成り立ちを、**ア**～**エ**の中から一つずつ選び、（　）に記号を書きましょう。（各8点）

1 児（　）　2 飯（　）

3 標（　）　4 好（　）

ア 象形文字　**イ** 指事文字

ウ 会意文字　**エ** 形声文字

4 次の文の——の漢字は、五年生で習う「形声文字」です。漢字の□の部分に注目して、大きな字で書かれた二字熟語《じゅくご》の読みがなを□に書きましょう。（各8点）

1 **個人**の能力《のうりょく》が高い。　□

2 動物の**飼育**係になる。　□

3 生徒《せいと》の**指導**に力を注ぐ。　□

4 テストに**合格**する。　□

第43回

漢字の学習

料・量・輪・類・令・冷

漢字	部首	画数	音	訓
料	斗	10画	リョウ	―
量	里	12画	リョウ	はかる
輪	車	15画	リン	わ
類	頁	18画	ルイ	たぐい
令	人	5画	レイ	―
冷	冫	7画	レイ	つめたい・ひえる・ひや・ひやす・ひやかす・さめる・さます

筆順

料：丶 丷 䒑 半 米 米 米 米 料 料

量：丨 口 日 日 旦 昌 昌 昌 昌 量 量 量

輪：一 百 亘 亘 車 軒 軟 斡 軡 軡 輪 輪

類：丷 䒑 半 米 米 类 类 类 类 類 類 類

令：ノ 人 亼 今 令

冷：丶 冫 冫 冫 冷 冷 冷

学習日　月　日

得点　／100点

練習しよう

□には漢字を、（　）には送りがなを書きましょう。また、〔　〕には読みがなを書きましょう。
（書きは各《かく》8点・読みは各10点）

1 おいしい□□《りょうり》を作る。

2 □□□《かんれいち》に住む。

3 手をつないで□《わ》になる。

4 □□《めいれい》にしたがう。

5 薬の□□《ぶんりょう》をふやす。

6 いくつかの□□《しゅるい》に分ける。

7 先生が□□《ごうれい》をかける。

8 熱《あつ》いお湯を□（　　）《さます》。

9 米の重さを□（　　）《はかる》。

10 □（　　）《つめたい》水を飲む。

11 一輪〔　　〕の花がさく。

12 頭を冷〔　　〕やす。

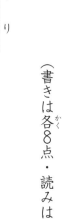

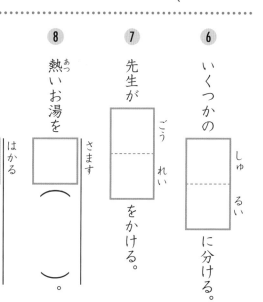

漢字の組み立て

学習日　月　日
得点　／100点

ポイント

漢字を組み立てから見たとき、いくつかの漢字に共通《きょうつう》する部分のことを**部首**といいます。部首は、位置《いち》によって次のように分けることができます。

●部首の種類《しゅるい》

・へん……左側《ひだりがわ》の部分（木 きへん など）
・つくり…右側の部分（頁 おおがい など）
・かんむり…上の部分（艹 くさかんむり など）
・あし……下の部分（心 こころ・灬 れっか れんが など）
・たれ……上から左側の部分（广 まだれ など）
・にょう…左側から下の部分（辶 しんにょう しんにゅう など）
・かまえ…外側をかこむ部分（囗 くにがまえ など）

●さまざまな部首の意味

部首は漢字の表す意味に関係《かんけい》があります。部首を覚《おぼ》えるときは、その意味もあわせて覚えるとよいでしょう。

部首	名前	部首の意味	例
扌	てへん	手のはたらきを表す。	折・投
禾	のぎへん	作物を表す。	科・積
月	にくづき	体の部分を表す。	育・腸《ちょう》
刂	りっとう	切ることを表す。	副・刷
阝	おおざと	人のいる場所を表す。	都・郡
宀	うかんむり	家や屋根を表す。	守・安
心	こころ	心や精神《せいしん》を表す。	悲・愛
辶	しんにょう しんにゅう	行くこと・進むことを表す。	追・連
門	もんがまえ	門を表す。	門・間

1 次の部首をもつ漢字をあとの**ア**～**コ**の中から一つずつ選《えら》び、（　）に記号を書きましょう。（各《かく》6点）

1 さんずい（　）
2 しんにょう（　）
3 まだれ（　）
4 こざとへん（　）
5 のぶん（　）

ア 選　**イ** 欠　**ウ** 冷　**エ** 期　**オ** 底
カ 浅　**キ** 建　**ク** 陸　**ケ** 改　**コ** 郡

2 次の1～3の[　]に共通してあてはまる部首をあとの[　]の中から一つずつ選び、□に書きましょう。また、その部首名を□に書きましょう。（両方できて各10点）

1 中・昔・氏　□・□
2 元・㠯・佰　□・□
3 肰・孰・𣞤　□・□

广	宀	木	灬	亻	心

3 次の**ア**～**ウ**の漢字のうち、部首のちがうものを一つずつ選び、（　）に記号を書きましょう。また、その漢字の部首名を□に書きましょう。（両方できて各10点）

1 **ア** 別　**イ** 側　**ウ** 列　（　）・□
2 **ア** 利　**イ** 種　**ウ** 秋　（　）・□
3 **ア** 問　**イ** 開　**ウ** 関　（　）・□
4 **ア** 宮　**イ** 室　**ウ** 空　（　）・□

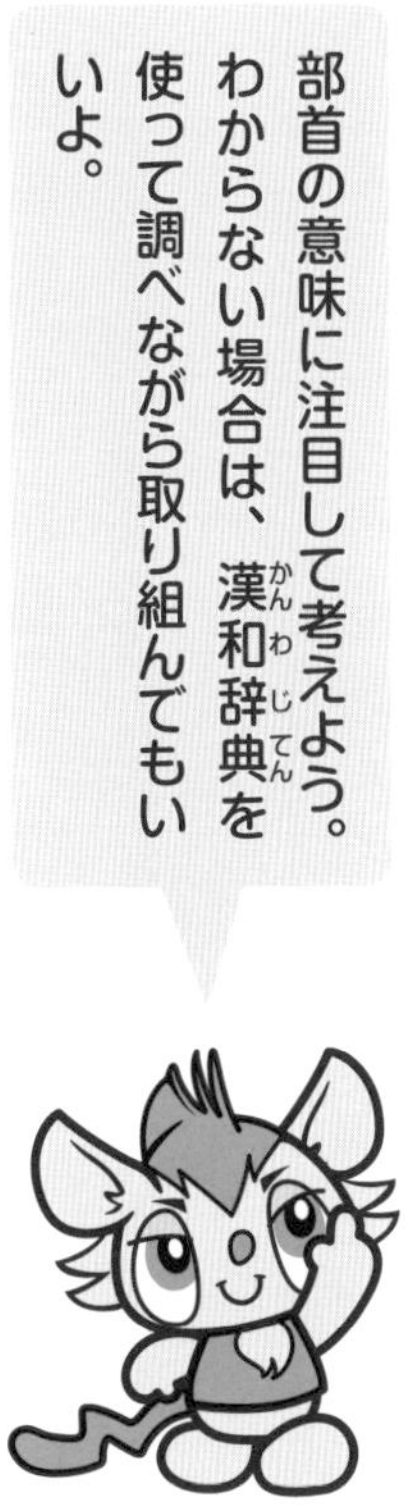
部首の意味に注目して考えよう。わからない場合は、漢和辞典《かんわじてん》を使って調べながら取り組んでもいいよ。

第45回 漢字の学習 例・連・老・労・録

部首	例
人	
筆順	8画
ノ 亻 仁 仿 伢 佢 侀 例	音 レイ / 訓 たとえる

部首	連
辶	
筆順	10画
一 冖 冂 冃 百 亘 車 連 連 連	音 レン / 訓 つらなる・つらねる つれる

部首	老
耂	
筆順	6画
一 十 土 耂 老 老	音 ロウ / 訓 おいる (ふける)

部首	労
力	
筆順	7画
丶 丷 ⺍ ⺍ 𭕄 学 労	音 ロウ / 訓 ―

部首	録
金	
筆順	16画
ノ 人 亼 今 全 余 金 金 金 金 金 金 金 録 録 録	音 ロク / 訓 ―

学習日 月 日

得点 /100点

練習しよう

□には漢字を、（　）には送りがなを書きましょう。また、〔　〕には読みがなを書きましょう。（書きは各《かく》8点・読みは各10点）

1 妹を□《つ》れ出す。

2 問題の□□《れいぶん》を読む。

3 二年□□《れんぞく》で出場する。

4 年□《お》いた犬をかう。

5 カメラで□□《きろく》する。

6 □□《くろう》がむくわれる。

7 □□《れんぱい》を食い止める。

8 雑誌《ざっし》の□□《ふろく》。

9 高い山が□（　）《つらなる》。

10 動物に□（　）《たとえる》。

11 老人〔　〕の手を引く。

12 工場で労働〔　〕する。

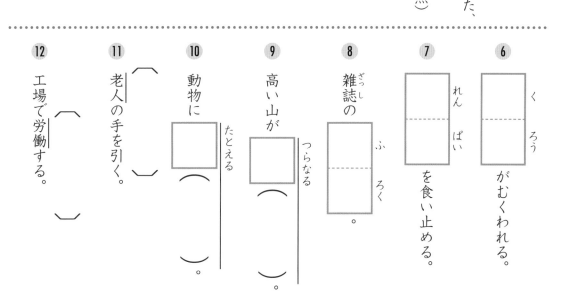

第46回 漢字のきまり 漢字の音と訓《くん》・送りがな

1 次の文の――の漢字の読みがなを書きましょう。（各《かく》2点）

1 ア 火を消す。（　）　イ あわが消える。（　）

2 ア 苦い薬を飲む。（　）　イ むねが苦しい。（　）

3 ア 試合《しあい》に負ける。（　）　イ せきにんを負う。（　）

4 ア 好きな食べ物。（　）　イ 読書を好む。（　）

5 ア えだが折れる。（　）　イ 時折、風がふく。（　）

6 ア 平泳ぎをする。（　）　イ 平らな道。（　）

2 次の漢字を使って、――の言葉を漢字と送りがなで書きましょう。（両方できて各4点）

1 覚　ア 漢字をおぼえる。　イ 早朝に目がさめる。

2 育　ア 心をはぐくむ。　イ たくましくそだつ。

3 治　ア 国をおさめる。　イ 病気をなおす。

4 冷　ア すいかをひやす。　イ 海水がつめたい。

学習日　月　日

得点　／100点

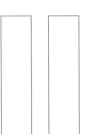

3 次の文の――の言葉を漢字で書いたとき、送りがなが正しいほうの記号を○で囲《かこ》みましょう。（各2点）

1 みずから立候補《りっこうほ》する。
ア 自ら
イ 自から

2 説明《せつめい》をはぶく。
ア 省ぶく
イ 省く

3 部屋を明るくてらす。
ア 照す
イ 照らす

4 財産《ざいさん》をうしなう。
ア 失う
イ 失なう

5 道に車がつらなる。
ア 連らなる
イ 連なる

6 実験《じっけん》をこころみる。
ア 試みる
イ 試ろみる

4 次の**ア**～**ウ**の――の中で、ほかと読み方がちがうものを一つずつ選《えら》び、記号を○で囲みましょう。（各4点）

1
ア 競馬場へ行く。
イ 協力を得《え》る。
ウ ほほえましい光景。

2
ア 駅の付近で会う。
イ みんなは無事だ。
ウ 不気味な笑《わら》い。

5 次の二字熟語《じゅくご》の読み方としてあうものをあとの**ア**～**エ**の中から一つずつ選び、（　）に記号を書きましょう。（各4点）

1 絵画（　　）
2 荷物（　　）
3 虫歯（　　）
4 王様（　　）

ア 音読み＋音読み
イ 訓《くん》読み＋訓読み
ウ 音読み＋訓読み
エ 訓読み＋音読み

6 次の文中から送りがながまちがっている言葉を二つさがし、正しく書き直しましょう。（両方できて各12点）

今日の授業《じゅぎょう》では、一人ずつスピーチをする。好きなことや通っている習いごとなど、自分でテーマを決めるのだ。わたしは「今年の目標《もくひょう》」をテーマに、「夜ふかしの習慣《しゅうかん》を改ため、朝は早起きをする」ということを話す。みんなに伝るようにしっかり話したい。

第47回

言葉をふやす

知っているかな? この言葉

学習日　月　日

得点　/100点

1 次の文の——の言葉の意味をあとの**ア**~**エ**の中から一つずつ選《えら》び、(　)に記号を書きましょう。(各《かく》5点)

1 あえてむずかしい問題をといてみよう。(　)

2 弟はぼくとちがって、ものおじしない性格《せいかく》だ。(　)

3 いそがしそうな友人に声をかけたら、そっけない態度《たいど》をとられた。(　)

4 先月引っこしてきたばかりなので、まだこの町の地理にうとい。(　)

ア よく知らない。くわしくない。

イ わざわざ。やりにくいことをおしきって。

ウ 物事をおそれ、びくびくすること。

エ 思いやりや温かみがない。好意《こうい》が感じられない。

2 次の文にあう言葉を(　)の中から一つずつ選び、○で囲《かこ》みましょう。(各6点)

1 子どもの(けげんな・くったくのない)笑顔《えがお》を見て、思わずわたしもほほえんだ。

2 彼《かれ》は、会議《かいぎ》の席《せき》でみんなから意見を求《もと》められると、(おもむろに・やみくもに)口を開いた。

3 (すげない・おぼろげな)記憶《きおく》をたよりに自分が生まれた町を歩いてみた。

4 時間だけが(いたずらに・すずなりに)すぎていき、とうとう試合終了《しあいしゅうりょう》の笛がなった。

5 習ったばかりの英語《えいご》で外国の人に話しかけてみたが、(たどたどしい・かいがいしい)発音になってしまった。

3 次の言葉に続《つづ》くものを下から選《えら》び、線で結《むす》びましょう。また、その言葉の意味をあとの**ア**～**オ**の中から一つずつ選び、（　）に記号を書きましょう。

（両方できて各6点）

1 漁夫《ぎょふ》の ・　　・石
2 他山《たざん》の ・　　・交わり
3 五十歩 ・　　・利《り》
4 背水《はいすい》の ・　　・百歩
5 水魚の ・　　・陣《じん》

〈意味〉 1（　　） 2（　　） 3（　　）
4（　　） 5（　　）

ア 少しのちがいだけで、ほとんど同じであること。
イ 二者が争《あらそ》う間に、第三者が利益《りえき》を横取りすること。
ウ 自分をみがくために役に立つ他人のよくない行動。
エ 魚が水からはなれられないように、非常《ひじょう》に親しいこと。
オ あとにひけない状況《じょうきょう》に身を置《お》き、決死の覚悟《かくご》で事にあたること。

4 次の文の（　）にあう言葉をあとの**ア**～**ケ**の中から一つずつ選び、記号を書きましょう。（各5点）

父は、弟のらんぼうな態度をよく（①）。しかし弟は（②）な返事をするばかりで、一向に態度を改《あらた》めようとしなかった。ある日、とうとう父が（③）おこり出し、おじけづいた弟は（④）自分の部屋ににげこんでしまった。

①（　　） ②（　　） ③（　　） ④（　　）

ア 一目散《いちもくさん》に　**イ** たしなめる　**ウ** ひたむき
エ おざなり　**オ** けむにまく　**カ** 感極《かんきわ》まって
キ あなどる　**ク** 血相を変《か》えて　**ケ** ぎこちなく

知っていたらかっこいい！

3で完成《かんせい》した言葉は「故事成語《こじせいご》」というよ。「故事成語」とは、中国の古いできごとや物語などがもとになった言葉だよ。意味と合わせて覚《おぼ》えておくといいね。

第48回

漢字のきまり

漢字の画数と筆順《ひつじゅん》

1 次の漢字のうち、総画数《そうかくすう》が最も多いものを一つずつ選《えら》び、記号を○で囲《かこ》みましょう。（各《かく》2点）

1 ア 英　イ 芽　ウ 泣　エ 栄

2 ア 初　イ 努　ウ 参　エ 兵

3 ア 最　イ 産　ウ 敗　エ 菜

2 次の漢字の矢印《やじるし》で指した青い画は、何画めに書きますか。漢数字で書きましょう。（各4点）

1 低 □画め

2 付 □画め

3 器 □画め

4 械 □画め

5 連 □画め

6 験 □画め

3 次の漢字の正しい筆順《ひつじゅん》を選び、記号を○で囲みましょう。なお、途中《とちゅう》の筆順の一部を省略《しょうりゃく》しています。（各4点）

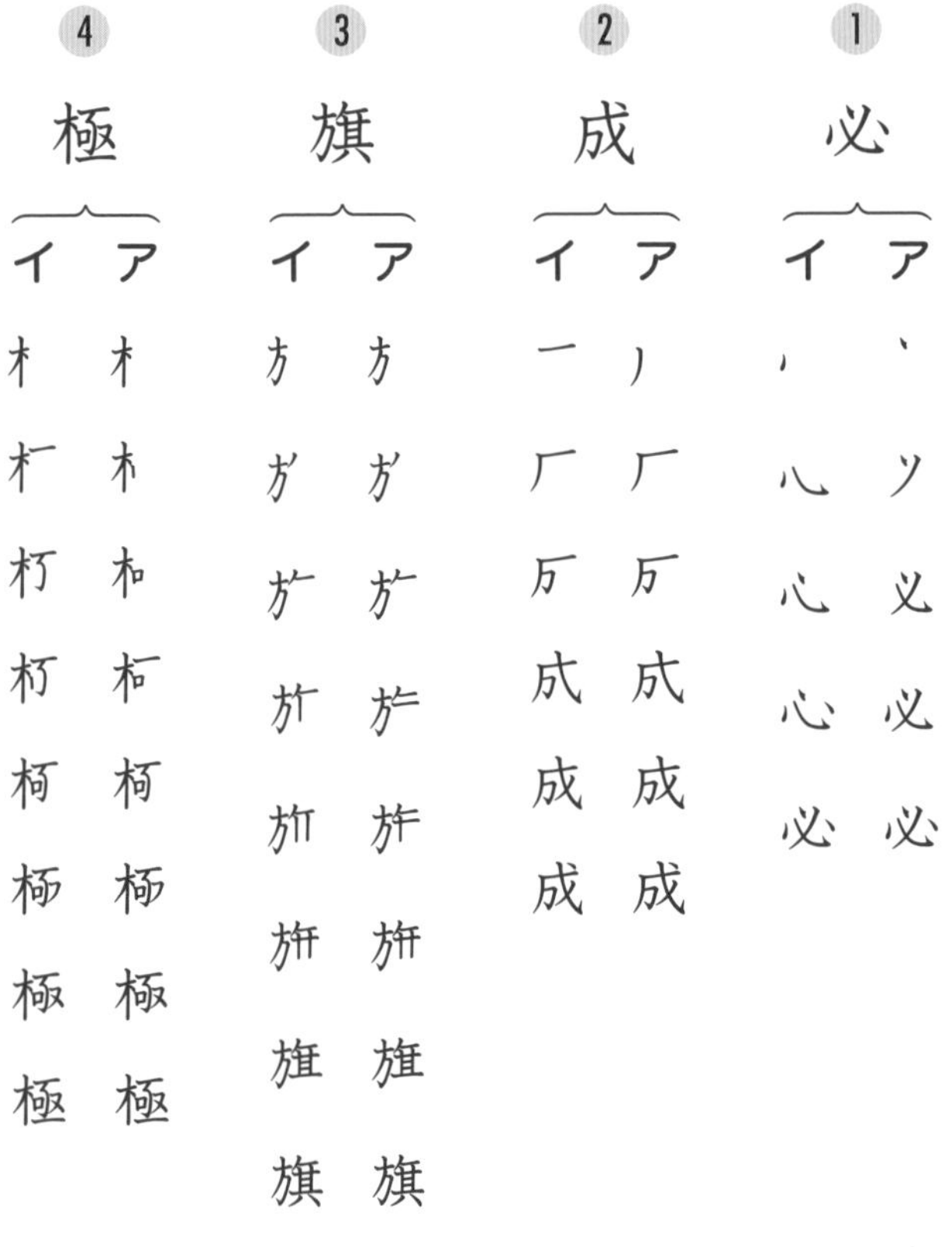

学習日　月　日

得点　／100点

4 次の総画数の漢字をあとの**ア**～**ク**の中からすべて選び、□に記号を書きましょう。なお、選ばない漢字もあります。（すべてできて各4点）

十一画 □

十二画 □

ア 候　**イ** 達　**ウ** 順　**エ** 康
オ 置　**カ** 望　**キ** 隊　**ク** 貨

5 次の漢字の部首は何画で書きますか。漢数字で書きましょう。（各4点）

1 郡 □画　2 愛 □画

3 冷 □画　4 固 □画

部首がわからないときは調べてみよう。

6 次の――を漢字に直したとき、その漢字の総画数は何画ですか。漢数字で書きましょう。（各5点）

1 船からとう台が見える。 □画

2 具体てきな例《れい》を出す。 □画

3 着物のおびをしめる。 □画

4 駅前に新しいビルがたつ。 □画

5 夏の暑さがのこる。 □画

6 風船を空にとばす。 □画

これができるとかっこいい！

筆順の原則《げんそく》は、「上から下へ」（三・言など）と「左から右へ」（川・例など）だよ。字形の単純《たんじゅん》なものは、筆順もわかりやすいね。字形のふくざつな「飛」「機」「議」などの漢字は、正しい筆順を覚《おぼ》えているかな。かくにんしよう。

学習日　月　日

得点　／100点

ポイント

目上の人と話すときや、あらたまった場で話すときは、相手への敬意《けいい》を表す言葉（敬語）を使います。敬語には次の三種類《しゅるい》があります。

●ていねい語
・文末《ぶんまつ》に「です」「ます」「ございます」をつける
《例》　小学四年生です。／山田でございます。
・言葉の上に「お」「ご」をつける
《例》　お水／ご飯《はん》

●尊敬語《そんけいご》……相手や話題にしている人物の動作に対して使う
・「お〜になる」「ご〜になる」の形で表す
《例》　お考えになる／ご利用《りよう》になる
・尊敬の意味を表す「れる」「られる」を用いる
《例》　使われる／着られる
・それ自体が尊敬の意味を表す言葉を用いる
《例》　なさる（する）／くださる（くれる）

●けんじょう語……自分や身内の動作に対して使う
・「お〜する」「ご〜する」の形で表す
《例》　お借《か》りする／ご説明《せつめい》する
・それ自体がけんそん（＝へりくだること。ひかえめにすること）の意味を表す言葉を用いる
《例》　まいる（行く・来る）／いただく（食べる・もらう）

	尊敬語	けんじょう語
行く	いらっしゃる	まいる
来る	いらっしゃる	まいる
言う	おっしゃる	申す・申しあげる
見る	ごらんになる	拝見《はいけん》する
聞く		うかがう
食べる	めしあがる	いただく
くれる	くださる	
やる		さしあげる
もらう		いただく
する	なさる	いたす

1 次の**ア**・**イ**の言葉から「尊敬語」を選《えら》び、記号を○で囲《かこ》みましょう。（各《かく》5点）

1 **ア** いただく　**イ** めしあがる

2 **ア** 読みます　**イ** お読みになる

3 **ア** なさる　**イ** する

4 **ア** お会いする　**イ** お会いになる

2 次の文の――の言葉をていねい語に書き直しましょう。（各10点）

1 公園の向かいにあるのがわたしの家だ。

2 きれいなお花をありがとう。

3 明日は、学校から午後二時ごろに帰る。

3 次の文の――の敬語の種類をあとの**ア**〜**ウ**の中から一つずつ選び、（　）に記号を書きましょう。（各10点）

1 これから食事の時間が始まります。（　）

2 先生がくださった手紙はぼくの宝物《たからもの》だ。（　）

3 父が駅までまいります。（　）

ア 尊敬語　**イ** けんじょう語　**ウ** ていねい語

4 次の文の――の言葉をふさわしい敬語に書き直しましょう。（各10点）

1 ぼくは、先生からもらった本を何度も読み返している。

2 母がお客様にやった果物《くだもの》はりんごとみかんです。

第50回 敬語《けいご》 言葉のきまり②

学習日　月　日

得点　／100点

ポイント

左の二つの図を見くらべながら、敬語《けいご》の復習《ふくしゅう》をしましょう。

〈尊敬語《そんけいご》の図式〉 目上の人の動作（ここでは「来る」）に対しては、「いらっしゃる」という**相手を高める敬語（尊敬語）**を使います。

〈けんじょう語の図式〉 自分の動作（ここでは「もらう」）に対しては、「いただく」という**自分を低め、けんそんする敬語（けんじょう語）**を使います。

尊敬語の図式
先生がもうすぐいらっしゃる。
尊敬の気持ち
高める
まなぶさんがもうすぐ来る。

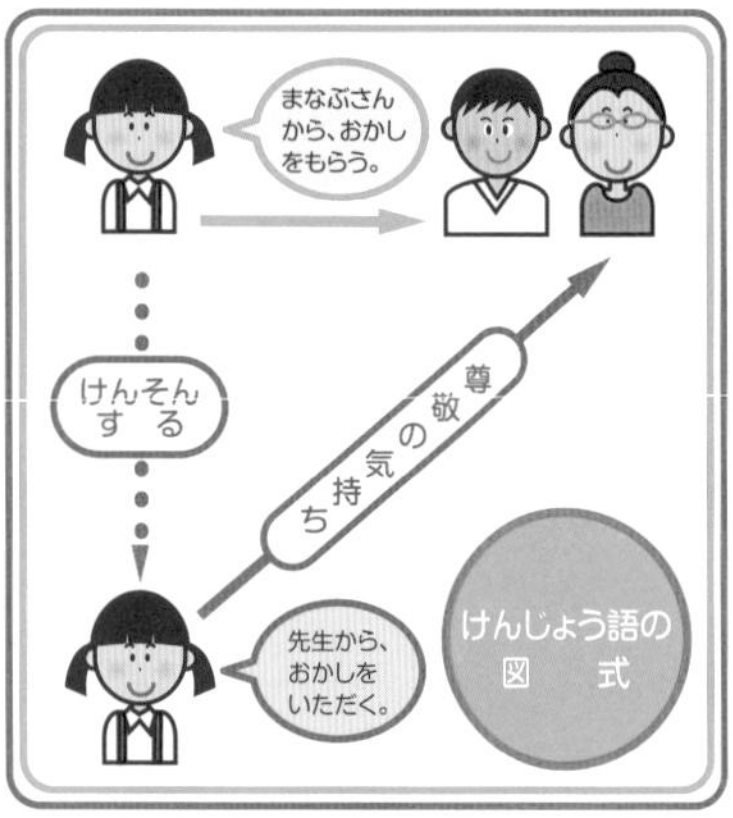

まなぶさんから、おかしをもらう。
けんそんする
尊敬の気持ち
先生から、おかしをいただく。
けんじょう語の図式

1 次の文の――の言葉をふさわしい敬語に書き直しましょう。（各《かく》10点）

① 校長先生が、教室でいっしょに昼食を食べる。

② 先生にいただいたお手紙を家族で見ました。

③ 社長、明日は何をする予定ですか。

④ この花は今日いらっしゃったお客様がくれた。

2

次の文の――の言葉の中で、敬語の使い方がまちがっているものを選《えら》び、（　）に記号を書きましょう。（各10点）

1 先生の明日のご予定をアうかがってもよろしいですか。母は明日の午後三時から六時ごろは家にイおります。そのため、もし先生が家にウまいるのがそのころでしたらありがたいとエ申しております。（　）

2 市長は自由研究の作品展《さくひんてん》にアいらっしゃると、生徒《せいと》たちの作品を一つひとつていねいにイごらんになり、優《ゆう》秀《しゅう》賞《しょう》をとった生徒のところにウ来られると、笑顔《えがお》で感想をエ申し上げた。（　）

3 先生の演奏会《えんそうかい》の日、わたしはお客様をアお連《つ》れして、会場の案内係《あんないがかり》をイいたします。終了《しゅうりょう》後は、来場者からの感想をウいただくためのアンケート用紙を回収《かいしゅう》し、先生にエごれんらくになる予定です。（　）

だれの動作なのかを考えよう。自分の家族の動作にけんじょう語を使うことにも注意してね。

3

次の文の――の言葉の意味としてあうものをあとのア～ウの中から一つずつ選び、（　）に記号を書きましょう。なお、同じ記号は二回使えません。（各5点）

1
- お客様は午前十時にいらっしゃる。（　）
- 先生は本日学校にいらっしゃいますか。（　）
- 社長は明日から旅行にいらっしゃる。（　）

ア 行く　イ 来る　ウ いる

2
- お客様からお菓子《かし》をいただいた。（　）
- みんなで夕飯《ゆうはん》をいただきましょう。（　）
- お茶を一杯《いっぱい》いただきました。（　）

ア 食べる　イ 飲む　ウ もらう

一つの敬語にいくつかの意味があるんだね。文脈《ぶんみゃく》によって見分けることが大切だね。

第51回

漢字の学習

都道府県《とどうふけん》の漢字 ①

＊は、特別《とくべつ》な読み方をする言葉です。

部首	茨
艹	
筆順	9画
一 十 艹 艹 艹 艿 艿 茨 茨	訓 いばら ＊茨城県《いばらきけん》

部首	媛
女	
筆順	12画
く 女 女 女 ... 媛 媛	音 （エン） ＊愛媛県《えひめけん》

部首	岡
山	
筆順	8画
丨 冂 冂 冂 冈 冈 岡 岡	訓 おか 岡山県《おかやまけん》・静岡県《しずおかけん》 福岡県《ふくおかけん》

部首	賀
貝	
筆順	12画
フ カ か 加 加 加 ... 賀 賀	音 ガ ＊滋賀県《しがけん》・佐賀県《さがけん》 年賀状《ねんがじょう》・祝賀会《しゅくがかい》

練習しよう

□に漢字を書きましょう。（1～10各8点《かく》・11 12各10点）

1 □城（いばらき）県水戸《みと》市は、納豆《なっとう》で有名だ。

2 □□（ぐんま）県の草津温泉《くさつおんせん》に旅行に行く。

3 □□（おかやま）県産《さん》のマスカット。

4 □□（かがわ）県はうどんの生産量《せいさんりょう》が多い。

5 □□（ふくおか）県は九州地方にある。

6 琵琶湖《びわこ》は、滋□（しが）県にある日本最大《さいだい》の湖だ。

学習日　月　日

得点　／100点

部首	潟
水	
筆順	15画
訓	かた
	新潟《にいがた》県・干潟《ひがた》

部首	岐
山	
筆順	7画
音	（キ）
	＊岐阜《ぎふ》県・分岐《ぶんき》

部首	熊
灬	
筆順	14画
訓	くま
	熊本《くまもと》県

部首	群
羊	
筆順	13画
音	グン
訓	むれる・むれ むら
	群馬《ぐんま》県・大群《たいぐん》・群生地《ぐんせいち》 鳥《とり》が群《む》れる・魚《さかな》の群《む》れ ありが群《むら》がる

部首	香
香	
筆順	9画
音	（コウ） （キョウ）
訓	か かおり・かおる
	香川《かがわ》県 よい香《かお》り

7 佐《さ》□《が》県で陶芸体験《とうげいたいけん》をする。

8 □《しず》□《おか》県でお茶を買う。

9 □《ぎ》阜《ふ》県の白川郷《しらかわごう》は世界遺産《いさん》だ。

10 □《くま》□《もと》県にある阿蘇山《あそさん》。

11 □《えひ》□《め》県は、みかんの生産がさかんだ。

12 □《にい》□《がた》県のお米を食べる。

「新潟《にいがた》」の「新《にい》」や、「群馬《ぐんま》」の「馬《ま》」の読み方はあまり見なれない読み方かもしれないね。県名とともに覚《おぼ》えておこう。

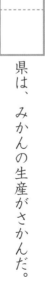

第52回

漢字の学習

都道府県《とどうふけん》の漢字 ②

部首	人
漢字	佐
筆順	7画
	ノ イ 仁 什 佐 佐 佐
音	サ
	佐《さ》賀《が》県・補《ほ》佐《さ》
	佐

部首	土
漢字	埼
筆順	11画
	一 十 土 圹 圹 圹 圹 埣 埣 埼 埼
訓	さい
	埼玉《さいたま》県
	埼

部首	山
漢字	崎
筆順	11画
	丨 山 山 屵 峅 峅 峠 峠 崎 崎 崎
訓	さき
	長崎《ながさき》県・宮崎《みやざき》県
	崎

部首	水
漢字	滋
筆順	12画
	丶 冫 氵 氵 氵 氵 汁 汁 泫 滋 滋 滋
音	(ジ)
	*滋《し》賀《が》県
	滋

*は、特別《とくべつ》な読み方をする言葉です。

練習しよう

□に漢字を書きましょう。（1～10各《かく》8点・11～14各5点）

1 □□《みやざき》県は畜産業《ちくさんぎょう》がさかんだ。

2 学校の修学《しゅうがく》旅行で□□《おきなわ》県に行く。

3 □□《ながさき》県でカステラを食べる。

4 □□《さが》県の吉野《よしの》ケ《が》里《り》遺跡《いせき》に行く。

5 □□《みやぎ》県仙台市《せんだいし》の七夕《たなばた》まつり。

6 □□□《かごしま》県の桜島《さくらじま》は活火山だ。

学習日 月 日

得点 /100点

部首	鹿
鹿	鹿
筆順	11画
丶 亠 广 户 庐 庐 声 声 鹿 鹿 鹿	訓 しか・か
	＊鹿児島県《かごしまけん》・鹿《しか》の親子
	鹿

部首	城
土	城
筆順	9画
一 十 土 圹 圹 坊 城 城 城	訓 しろ　音 ジョウ
	＊宮城県《みやぎけん》・＊茨城県《いばらきけん》 城下町《じょうかまち》・築城《ちくじょう》 城《しろ》を築《きず》く
	城

部首	縄
糸	縄
筆順	15画
𠃋 幺 幺 糸 糸 糸 紀 紀 紀 絹 絹 縄 縄 縄 縄	訓 なわ　音 （ジョウ）
	沖縄県《おきなわけん》
	縄

部首	井
二	井
筆順	4画
一 二 ナ 井	訓 い　音 （セイ）（ショウ）
	福井県《ふくいけん》
	井

部首	沖
水	沖
筆順	7画
丶 冫 氵 氵 汩 沪 沖	訓 おき　音 （チュウ）
	沖縄県《おきなわけん》
	沖

7 □《しが》県にある彦根《ひこね》城《じょう》を見学する。

8 □《いばらき》県産の農作物を買う。

9 □《さいたま》県の県庁所在地《けんちょうしょざいち》はさいたま市だ。

10 □《ふくい》県は日本海に面した県だ。

11 □県

12 □県

13 □県

14 □県

色がぬられた県の名前を漢字で書こう。全部わかるかな？

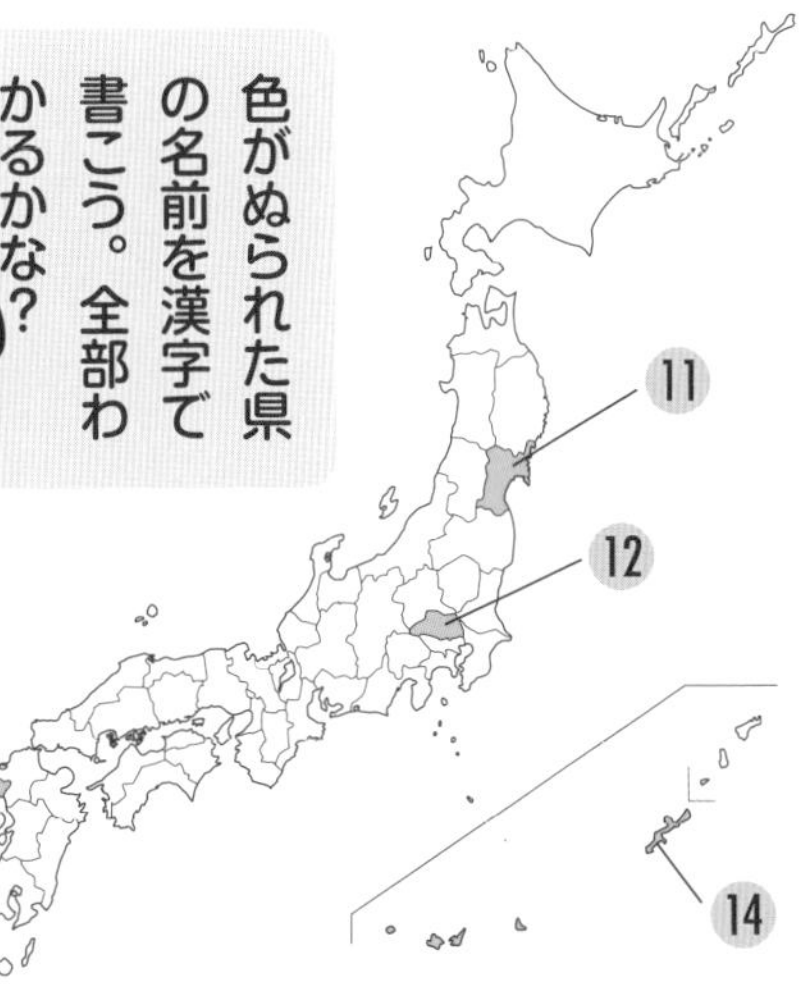

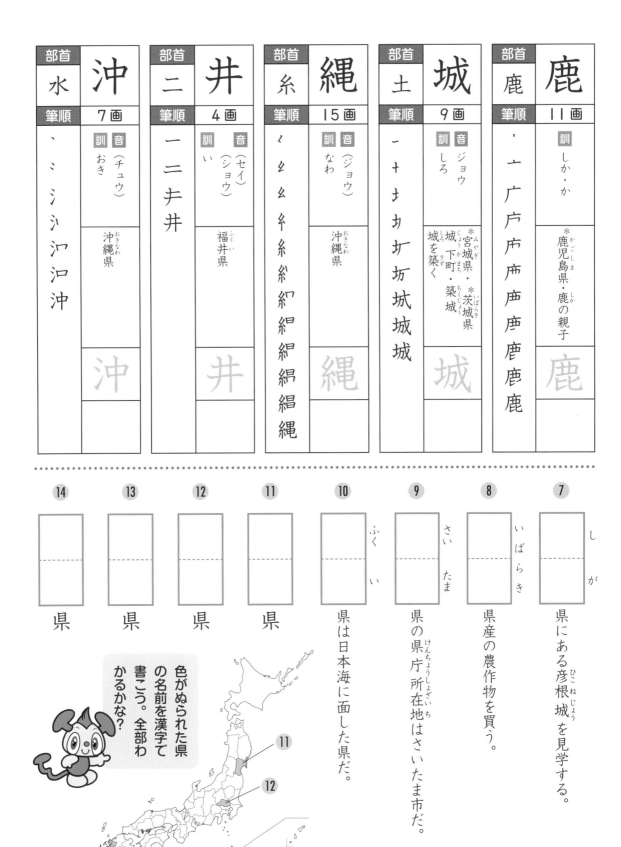

第53回

漢字の学習

都道府県《とどうふけん》の漢字 ③

＊は、特別《とくべつ》な読み方をする言葉です。

部首	徳
彳	
筆順	14画
ノ 彳 彳 彳 彳 彳 彳 徳 徳 徳 徳 徳 徳 徳	音 トク 徳島県《とくしま》 道徳《どうとく》・人徳《じんとく》 徳

部首	栃
木	
筆順	9画
一 十 才 木 朾 朾 析 栃 栃	訓 とち 栃木県《とちぎ》 栃

部首	奈
大	
筆順	8画
一 ナ 大 太 夳 夸 奈 奈	音 ナ ＊奈良県《なら》・＊神奈川県《かながわ》 奈

部首	梨
木	
筆順	11画
一 二 千 千 禾 和 利 梨 梨 梨 梨	訓 なし 山梨県《やまなし》 梨

練習しよう

□に漢字を書きましょう。（1〜8各《かく》10点・9〜12各5点）

1 □（ぎふ）県の温泉宿《おんせんやど》にとまる。

2 □（かながわ）県の県庁所在地《けんちょうしょざいち》は横浜《よこはま》市だ。

3 □（おおさか）府の「府の木」はいちょうだ。

4 □（とちぎ）県の日光東照宮《とうしょうぐう》を観光《かんこう》する。

5 □（やまなし）県でぶどう狩《が》りをする。

6 □（なら）県で東大寺《とうだいじ》の大仏《だいぶつ》を見る。

学習日 月 日

得点 /100点

部首	阪
阝	
筆順	7画
㇇ 阝 阝 阝 阪 阪 阪	音 （ハン）
	＊大阪府《おおさかふ》

部首	阜
阜	
筆順	8画
ノ 丿 户 户 白 白 皀 阜	音 フ
	＊岐《ぎ》阜《ふ》県

部首	富
宀	
筆順	12画
丶 丷 宀 宀 宀 宀 宀 宀 富 富 富 富	音 フ・（フウ） 訓 とむ・とみ
	豊富《ほうふ》・富士山《ふじさん》 ＊富山県《とやま》・変化《へんか》に富《と》む 富《とみ》を築《きず》く

知っていたら かっこいい！

都道府県名として使うとき、特別《とくべつ》な読み方をする漢字があるよ。
・鳥取（とっとり）
・大分（おおいた）

7 とくしま［　　］県で阿波《あわ》おどりを見る。

8 とやま［　　］県の黒部ダムを見学する。

9 ［　　］県

10 ［　　］県

11 ［　　］県

12 ［　　］県

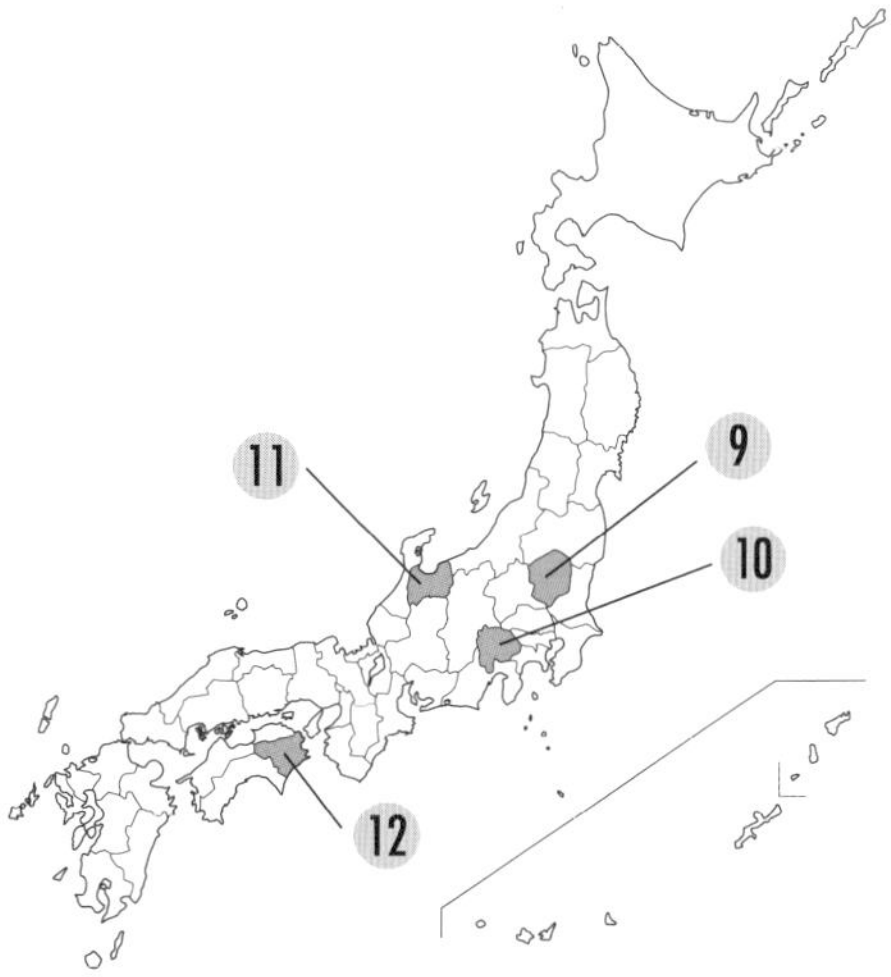

色がぬられた県の名前を漢字で書いてね。

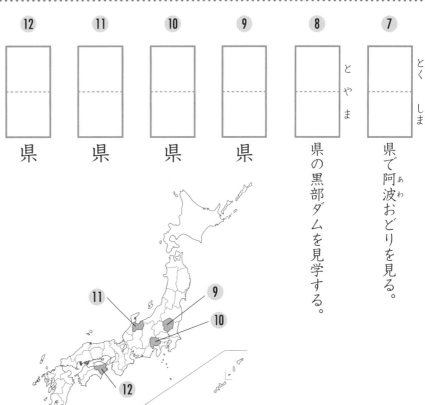

第54回

都《と》道《どう》府《ふ》県《けん》の漢字 ④

漢字の学習

練習しよう

1 次の地図の1～10は何県ですか。漢字で書きましょう。（各《かく》4点）

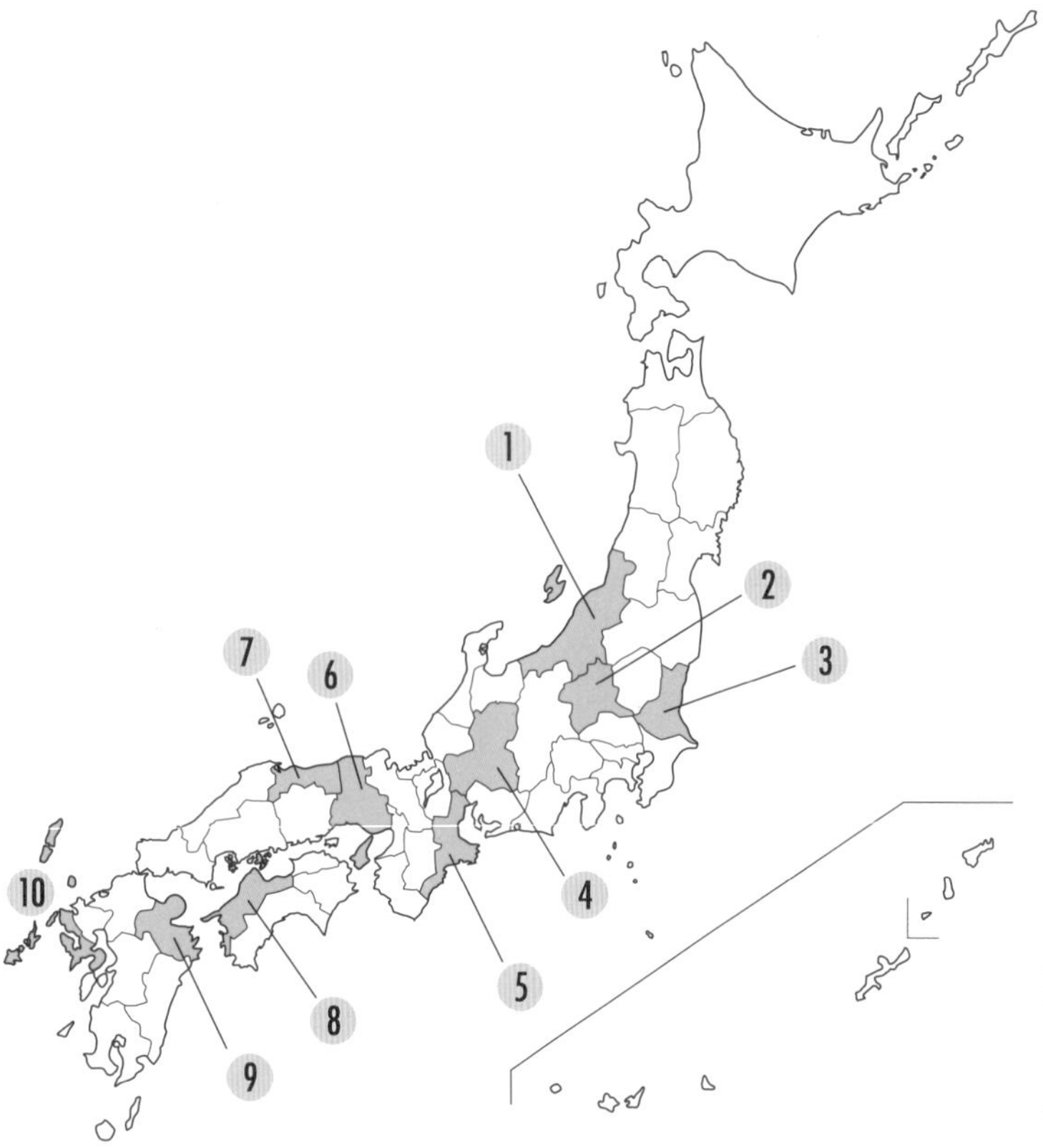

1 ＿＿県
2 ＿＿県
3 ＿＿県
4 ＿＿県
5 ＿＿県

6 ＿＿県
7 ＿＿県
8 ＿＿県
9 ＿＿県
10 ＿＿県

都道府県名は、地図とともに覚《おぼ》えておこう。

学習日　月　日

得点　／100点

2 第51～53回で学習した漢字を、都道府県名以外の言葉でかくにんしましょう。（各5点）

1 □《ねん》□《が》のあいさつ。

2 先生の補《ほ》□《さ》をする。

3 □《どう》□《とく》を学ぶ。

4 水が豊《ほう》□《ふ》にある。

5 □《なし》はわたしの好物《こうぶつ》だ。

6 大きな□《しろ》のある町。

7 □《とみ》をきずく。

8 □《しか》の親子を見かける。

9 干《ひ》□《がた》の生き物を観察《かんさつ》する。

10 よい□《かおり》（　　）のする花。

11 がんの群れがやってくる。〔　　〕

12 祝賀会を開く。〔　　〕

むずかしい漢字もあるけれど、都道府県の名前を書くときは、がんばって漢字で書くようにするといいね！

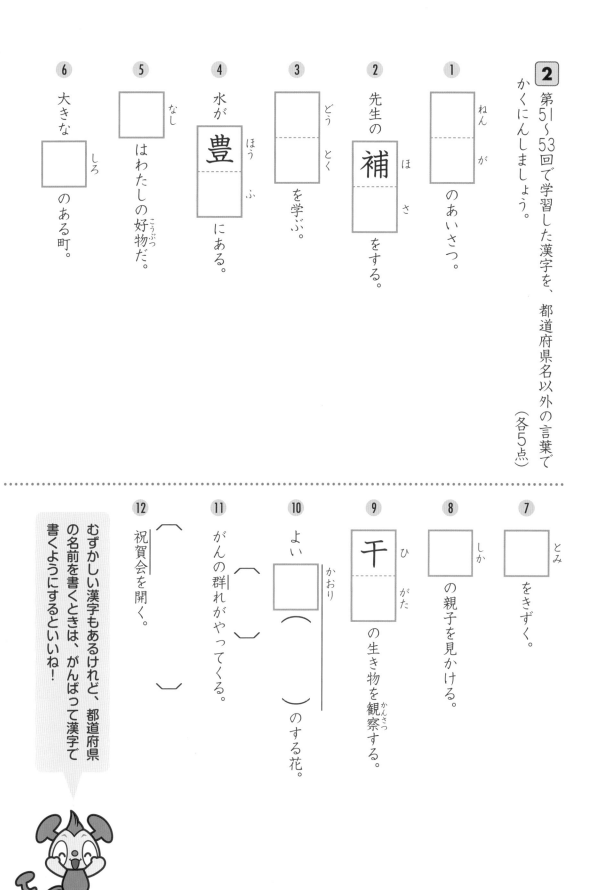

第55回

日本文学紀行《きこう》

文学史

学習日　　月　　日

得点　　／100点

1 次の作品の作者をあとの**ア**～**エ**の中から一つずつ選《えら》び、（　）に記号を書きましょう。（各《かく》5点）

1 『源氏物語《げんじものがたり》』（　　）

2 『枕草子《まくらのそうし》』（　　）

3 『徒然草《つれづれぐさ》』（　　）

4 『土佐日記《とさにっき》』（　　）

ア 兼好法師《けんこうほうし》　**イ** 紫式部《むらさきしきぶ》

ウ 清少納言《せいしょうなごん》　**エ** 紀貫之《きのつらゆき》

知っていたら　かっこいい！

1～4は、いつの時代の作品なのかな。

・『源氏物語』…平安《へいあん》時代の長編《ちょうへん》物語。

・『枕草子』……平安時代の随筆《ずいひつ》。

・『徒然草』……鎌倉《かまくら》時代の随筆。

・『土佐日記』…平安時代の日記。

2 次の作者が書いた作品をあとの**ア**～**ウ**の中から一つずつ選び、（　）に記号を書きましょう。（各10点）

1 夏目漱石《なつめそうせき》（　　）

2 芥川龍之介《あくたがわりゅうのすけ》（　　）

3 宮沢賢治《みやざわけんじ》（　　）

ア 『銀河《ぎんが》鉄道《てつどう》の夜《よる》』

イ 『蜘蛛《くも》の糸《いと》』

ウ 『吾輩《わがはい》は猫《ねこ》である』

（国立国会図書館所蔵《しょぞう》）

上の写真の人物が夏目漱石だよ。明治《めいじ》・大正《たいしょう》時代を代表する作家で、千円紙幣《しへい》にその肖像《しょうぞう》が採用《さいよう》されたこともあるんだよ。

3 次の文章はある文学作品の書き出しの部分です。作品の題名としてあうものをあとの**ア**～**ウ**の中から一つずつ選び、（　）に記号を書きましょう。（各10点）

1 春はあけぼの。やうやう《ようよう》白くなりゆく山ぎは《わ》少しあかりて、紫《むらさき》だちたる雲のほそくたなびきたる。（　）

2 祇園精舎《ぎおんしょうじゃ》の鐘《かね》の声、諸行無常《しょぎょうむじょう》の響《ひびき》あり。娑羅双樹《しゃらそうじゅ》の花の色、盛者必衰《じょうしゃひっすい》の理《ことわり》をあらは《わ》す。おごれる人も久《ひさ》しからず、只《ただ》春の夜《よ》の夢《ゆめ》のごとし。たけき者も遂《つい》にはほろびぬ、偏《ひとえ》に風の前の塵《ちり》に同じ。（　）

3 親譲《おやゆず》りの無鉄砲《むてっぽう》で子供《こども》の時から損《そん》ばかりしている。小学校に居《い》る時分学校の二階から飛《と》び降《お》りて一週間程腰《ほどこし》を抜《ぬ》かした事がある。（　）

ア『坊《ぼ》っちゃん』　**イ**『枕草子』
ウ『平家物語《へいけものがたり》』

『坊っちゃん』の作者は、2で出てきた夏目漱石だよ。

4 次の1は俳句《はいく》（五・七・五の十七音で成《な》り立《た》つ詩）、2は短歌《たんか》（五・七・五・七・七の三十一音で成り立つ詩）です。あとの＊をヒントに、1・2の□に入る言葉を考えて書きましょう。（各10点）

1 しずかさや　岩にしみ入る　□の声
松尾芭蕉《まつおばしょう》

2 金色《こんじき》の　ちひ《い》さき鳥の　かたちして　□ちるなり　夕日の岡《おか》に
与謝野晶子《よさのあきこ》

＊1の□……夏になるとさかんに鳴く昆虫《こんちゅう》。
＊2の□……秋になると葉が黄色に色づく木。

1 □

2 □

知っていたら かっこいい！

松尾芭蕉は江戸《えど》時代に活躍《かつやく》した俳人《はいじん》だよ。次の俳句《はいく》も松尾芭蕉の作だね。
・古池や　蛙《かわず》飛びこむ　水の音
・夏草や　兵《つわもの》どもが　夢《ゆめ》の跡《あと》

第56回

うでだめしをしよう ①

学習日　月　日

得点　／100点

1 次の文章を読んで、あとの問いに答えましょう。

現代《げんだい》の教育は、ア児童のイ建全な心と体のウ育成を目《もく》標《ひょう》としている。この小学校では月に二回、Aかならず体育朝会を行い、子どもの体力づくりにBつとめている。また、その子の得意《とくい》なことをエ積極的にのばすためのプログラムが組まれていることも特徴《とくちょう》だ。

1 ――ア～エの熟語《じゅくご》には、漢字がまちがっているものが一つあります。その記号を（　）に書き、□に正しく書き直しましょう。（両方できて10点）

（　）→□

2 ――A「かならず」・――B「つとめて」を漢字と送りがなで書きましょう。（各5点）

A □　B □

2 次の□に漢字一字を入れ、↓にしたがって読むと、二字熟語がそれぞれ四つできます。□に入る漢字一字を書きましょう。（各10点）

1
追↓□
参→□→速
□↓工

2
完↓□
自→□→水
□↓安

3
合↓□
暗→□→歌
□↓和

4
選↓□
列→□→手
□↓式

3 次の文章を読んで、あとの問いに答えましょう。

A昨年《さくねん》の秋に友人にさそわれ、九州の山に登った。紅《こう》葉《よう》の時期、その山の頂上《ちょうじょう》からのながめはBカンコウ名所として知られている。山に登ったことのないわたしは、友人のCキョウリョクで登山の道具などをそろえ、その日を楽しみにしていた。

当日は、朝の八時に登山口をD出発した。E最初《さいしょ》はおしゃべりをしながら歩いていたが、けわしい山道を登るうちにしだいにF無言《むごん》になった。立ち止まりそうになったときもあったものの、友人にはげまされながら四時間かけて頂上に着いた。たどり着いた山頂からのながめは（G）ほどにすばらしく、あきらめずに登って本当によかったと（H）感を覚《おぼ》えた。

初めての登山はたいへんだったが、おもしろい経験《けいけん》でもあった。近いうちにほかの山にも登ってみたいと思っている。

1 ――A「昨年」の類義語《るいぎご》を書きましょう。（5点）

昨年――□年

2 ――B「カンコウ」・――C「キョウリョク」を漢字に直して書きましょう（各5点）

B □

C □

3 ――D～Fの熟語の組み立てと同じものをあとのア～カの中から一つずつ選《えら》び、記号を書きましょう。（各5点）

D（　）　E（　）　F（　）

ア 新年　イ 私立《しりつ》　ウ 非力《ひりき》

エ 苦楽　オ 暗黒　カ 帰国

4 （G）にあてはまる慣用句《かんようく》を次のア～エの中から一つ選び、記号を○で囲《かこ》みましょう。（5点）

ア 息をころす　イ 目をつぶる

ウ 息をのむ　エ 目にあまる

5 （H）には、「不満《ふまん》」の対義語《たいぎご》があてはまります。□にあてはまる熟語を書きましょう。（5点）

不満 ↔ □□

うでためしをしよう ②

学習日　月　日

得点　／100点

1 次の文の——**ア**〜**コ**は、主語・述語・修飾語《しゅうしょくご》・接続語《せつぞくご》の何にあたりますか。（　）にあてはまる記号をすべて書きましょう。（すべてできて各5点）

ア ずっと　**イ** ふり続《つづ》けた　**ウ** 雨が　**エ** やっと　**オ** 止んだ。

カ でも、**キ** 外には　**ク** まだ　**ケ** だれも　**コ** いない。

主語（　　）　述語（　　）

修飾語（　　）　接続語（　　）

2 次の文の——の言葉の種類《しゅるい》を**ア**「名前を表す言葉」・**イ**「動きを表す言葉」・**ウ**「様子を表す言葉」の中から一つずつ選《えら》び、（　）に記号を書きましょう。（すべてできて10点）

背《せ》の　高い　少年が　元気に　笑う。

（　）（　）（　）（　）（　）

3 次の各組みの——の言葉の中で、ほかと意味がちがうものを一つずつ選び、記号を○で囲《かこ》みましょう。（各10点）

1
ア 大きな犬に追いかけられる。
イ むずかしい問題に答えられる。
ウ 暑さにたえられる性質《せいしつ》の植物。

2
ア つばめのひなが空を飛《と》んだ。
イ 山田さんは水泳の選手《せんしゅ》だ。
ウ クラス全員がさわいだ。

4 次の文の——の言葉を正しい敬語《けいご》に書き直しましょう。（各5点）

1 朝礼で先生のお話を聞く。

2 お客様がお茶を飲む。

5 次の文章を読んで、あとの問いに答えましょう。

グスコーブドリは、イーハトーヴの大きな森のなかに生まれました。おとうさんは、グスコーナドリという名高い木こりで、どんな大きな木でも、まるで赤《あか》ん坊《ぼう》を寝《ね》かしつける（　A　）わけなく切ってしまう人でした。

B ブドリにはネリという妹があって、二人は毎日森で遊びました。ごしっごしっとおとうさんの樹《き》を鋸《ひ》く音が、やっと聞こえるくらいな遠くへも行きました。二人はそこで木いちごの実をとってわき水につけたり、空を向いてかわるがわる山鳩《やまばと》のなくまねをしたりしました。（　C　）あちらでもこちらでも、ぽう、ぽう、と鳥が眠《ねむ》そうに鳴き出すのでした。

お母さんが、家の前の小さな畑に麦をまいているときは、二人はみちにむしろをしいてすわって、ブリキ缶《かん》で蘭《らん》の花を煮《に》たりしました。するとこんどは、もう D いろいろの鳥が、E 二人のぱさぱさした頭の F 上を、まるであいさつするように G なきながらざあざあざあざあ通りすぎるのでした。

（宮沢賢治《みやざわけんじ》『グスコーブドリの伝記《でんき》』より）

1 （　A　）にあてはまる言葉をあとのア～ウの中から一つ選び、記号を○で囲みましょう。（5点）

ア なら　イ らしく　ウ ように

2 ——Bの文には二組みの主語・述語があります。それぞれの主語と述語をぬき出しましょう。（各5点）

・主語　　　　述語

・主語　　　　述語

3 （　C　）にあう接続語をあとのア～エの中から一つ選び、記号を○で囲みましょう。（5点）

ア しかし　イ なぜなら

ウ ところで　エ すると

4 文中の〰〰をくわしくする言葉を——D～Gの中からすべて選び、（　）に記号を書きましょう。（すべてできて10点）

（　　　）

●ローマ字表の見方

《たての列》子音《しいん》を表す

《横の列》母音《ぼいん》を表す

	A	I	U	E	O
	あ a	い i	う u	え e	お o
K	か ka	き ki	く ku	け ke	こ ko

ローマ字は,「母音」を表す「a」「i」「u」「e」「o」と,「子音」を表す「K」「S」「T」「N」などを組み合わせて言葉を表します。「K ／ k」のうしろに「a」「i」「u」「e」「o」のどれがついているかによって,「か」「き」「く」「け」「こ」のどれなのかがわかります。

ローマ字表

	A	I	U	E	O			
	あ a	い i	う u	え e	お o			
K	か ka	き ki	く ku	け ke	こ ko	きゃ kya	きゅ kyu	きょ kyo
S	さ sa	し si [shi]	す su	せ se	そ so	しゃ sya [sha]	しゅ syu [shu]	しょ syo [sho]
T	た ta	ち ti [chi]	つ tu [tsu]	て te	と to	ちゃ tya [cha]	ちゅ tyu [chu]	ちょ tyo [cho]
N	な na	に ni	ぬ nu	ね ne	の no	にゃ nya	にゅ nyu	にょ nyo
H	は ha	ひ hi	ふ hu [fu]	へ he	ほ ho	ひゃ hya	ひゅ hyu	ひょ hyo
M	ま ma	み mi	む mu	め me	も mo	みゃ mya	みゅ myu	みょ myo
Y	や ya	(い) (i)	ゆ yu	(え) (e)	よ yo			
R	ら ra	り ri	る ru	れ re	ろ ro	りゃ rya	りゅ ryu	りょ ryo
W	わ wa	(い) (i)	(う) (u)	(え) (e)	を (o) 《wo》			
	ん n							
G	が ga	ぎ gi	ぐ gu	げ ge	ご go	ぎゃ gya	ぎゅ gyu	ぎょ gyo
Z	ざ za	じ zi [ji]	ず zu	ぜ ze	ぞ zo	じゃ zya [ja]	じゅ zyu [ju]	じょ zyo [jo]
D	だ da	ぢ (zi) [di]	づ (zu) [du]	で de	ど do	ぢゃ (zya) [dya]	ぢゅ (zyu) [dyu]	ぢょ (zyo) [dyo]
B	ば ba	び bi	ぶ bu	べ be	ぼ bo	びゃ bya	びゅ byu	びょ byo
P	ぱ pa	ぴ pi	ぷ pu	ぺ pe	ぽ po	ぴゃ pya	ぴゅ pyu	ぴょ pyo

[ ]の中の書き方も使うことができる。人名や地名は[ ]の中の書き方を使うことが多い。
( )の中の書き方は，重ねて出してあるもの。《 》の中は，特別《とくべつ》な発音に使う。

ふろく 1　ローマ字　ローマ字とアルファベット

●ローマ字ってなに？

「ローマ字」はもともとはヨーロッパで生まれた文字で，「A」「U」「K」などの「アルファベット」を使います。アルファベットには，「大文字」と「小文字」があり，「A」と「a」，「B」と「b」は，形はちがいますが，同じ文字を表しています。

●アルファベットの書き方

アルファベットは，次のように4線《よんせん》に書くことを意識《いしき》すると上手に書くことができます。なお，下に示した書き順は目安です。

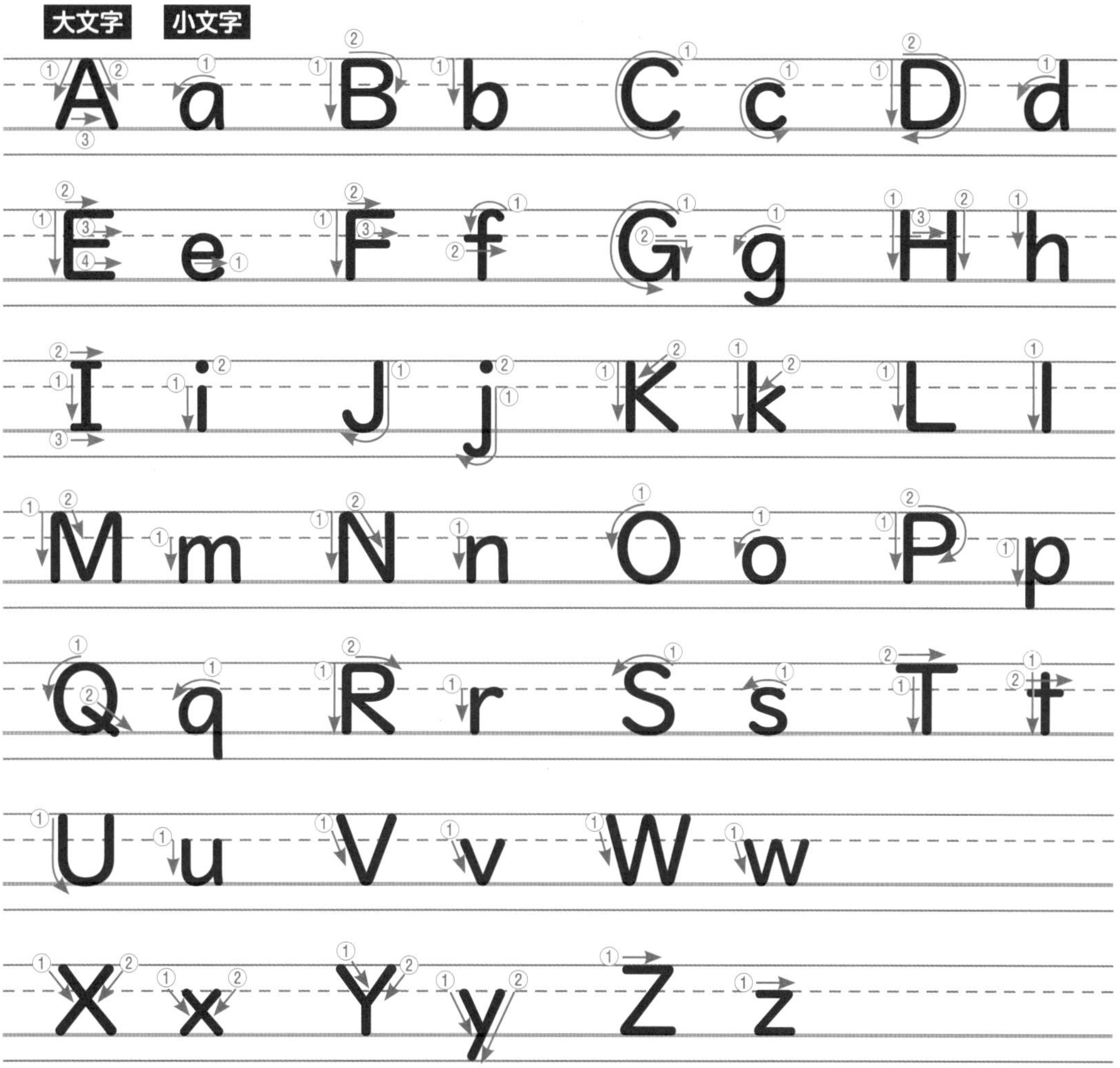

◀◀◀ 次のページでローマ字の問題にちょうせん！

練習しよう

1 1・2の言葉のはじめにアルファベットを書き足し，絵にあう言葉に変化《へんか》させましょう。

 ame → 1 ame 

 ika → 2 ika 

2 ちがいに注意して，次の**ア・イ**の言葉をローマ字（小文字）で表しましょう。

1 **ア** ねこ　　**イ** 根っこ

2 **ア** 谷　　**イ** 単位《たんい》

3 次の言葉をローマ字（小文字）で表しましょう。

1 茶わん　　2 恐 竜《きょうりゅう》

3 しっぽ　　4 北海道《ほっかいどう》

4 自分の名前をローマ字で表してみましょう。

《例》田中《たなか》　ゆうき　Tanaka Yûki

〈保護者の方へ〉 ポイント・練習しようの答えは，解答解説冊子の最後にあります。

ふろく 2

ローマ字　ローマ字を書いてみよう！

ポイント

3年生で学習したローマ字のきまりを覚《おぼ》えているかな？

下の①～⑤の言葉をローマ字で表してみよう。

●ローマ字を書くときのきまり

(1) 長くのばす音の表し方

「おばあさん」→「obâsan」のように，「a」「i」「u」「e」「o」の上に「^」をつけて表します。

《例》廊下《ろうか》「rôka」　　① 当番 ____________

(2) つまる音の表し方

「日本」→「Nippon」のように，次の音のはじめの字を重ねて表します。

《例》切符《きっぷ》「kippu」　　② 日記 ____________

(3) 小さい「ゃ」「ゅ」「ょ」の表し方

「きゃ・きゅ・きょ」→「kya・kyu・kyo」のように，三字で表します。

《例》社会「syakai / shakai」　　③ 金魚 ____________

(4) 読みまちがいをふせぐ記号

「n（ん）」の次に「a」「i」「u」「e」「o」や「y」が続《つづ》くときは，「n」のあとに「’」をつけて区別《くべつ》します。

《例》今夜「kon’ya」　　④ 金曜日 ____________

(5) 地名や人名の表し方

はじめの字を大文字で表します。地名などは全部を大文字で表すこともあります。

《例》上野《うえの》「Ueno」　　⑤ 沖縄《おきなわ》 ____________

Z会グレードアップ問題集
小学4年　国語　漢字・言葉　改訂版

初版　第1刷発行　2015年7月1日
改訂版 第1刷発行　2020年2月10日
改訂版 第5刷発行　2024年1月20日

編者　Z会編集部
発行人　藤井孝昭
発行所　Z会
〒411-0033　静岡県三島市文教町1-9-11
【販売部門：書籍の乱丁・落丁・返品・交換・注文】
TEL　055-976-9095
【書籍の内容に関するお問い合わせ】
https://www.zkai.co.jp/books/contact/
【ホームページ】
https://www.zkai.co.jp/books/
装丁　Concent, Inc.
表紙撮影　髙田健一（studio a-ha）
印刷所　シナノ書籍印刷株式会社

ISBN　978-4-86290-303-7

かっこいい小学生になろう

Z会 グレードアップ 問題集

改訂版

小学4年

国語

漢字・言葉

解答・解説

解答・解説の使い方

第32回　ことわざ

考え方

ことわざには生活の知恵や人生の教訓が含まれています。学校やご家庭での具体的なできごとと関連づけたり、会話の中で使ったりすると、より身近に感じられるようになるでしょう。

3 ①は「その道の名人も失敗するときがある」、②は「困っているときに、困ったことが重なって起こる」という意味です。

4 ❶は「ふつうの親からいきなり優れた子は生まれない」という意味で、**ウ**の「かえるの子はかえる」と似た意味のことわざです。反対の意味を表すのは**イ**のことわざです。❷は「立ち去る者は見苦しくないようにきれいに後始末をする」という意味で、反対の意味を表すのは**ア**のことわざです。

答え

1 30ページ参照

2 〈意… ❶**エ**　❷**ア**　❸**イ**　❹**ウ**

❶ …に）二・一／**ウ**　❷（順に）百・一／**イ**

❸ … 三・百／**ア**

ポイント①
考え方では、各設問のポイントやアドバイスを示しています。

ポイント②
答えでは、正解を示しています。

ポイント③
「○ページ参照」となっている設問は、あとのページに画像で正解を示しています。

保護者の方へ

この冊子では、**問題の答え**と、**各回の学習ポイント**などを掲載しています。問題に取り組む際や丸をつける際にお読みいただき、お子さまの取り組みをあたたかくサポートしてあげてください。

本書では、教科書よりも難しい問題を出題しています。お子さまが解けた場合は、いつも以上にほめてあげて、お子さまのやる気をさらにひきだしてあげることが大切です。

第一回 愛・案・以・衣・位・印・英・栄

答え

1 位　2 以上　3 愛　4 英会話

5 栄光　6 案内　7 矢印　8 衣服

9 一位　10 栄える

11 けしいん　12 あいどく

字形に注意!

形に注意　愛

2画で書く　以

形に注意　印

つき出す　英

点の向きに注意　栄

第2回 国語辞典の引き方

考え方

今回は、国語辞典の引き方とあわせ、複数の意味をもつ「多義語」も扱っています。文脈によってどの意味で使われているかを判断できるようになることが大切です。

2「ばびぶべぼ」のような濁音と、「ぱぴぷぺぽ」のような半濁音とでは、濁音のほうが先に載っています。漢字だと取り組みにくい場合は、ひらがなで書き直して考えましょう。

3 よく目にする多義語は、お子さまも自然にその文の中での意味をとらえているものですが、「手」のような代表的な言葉については、複数の意味を意識的に覚えておくとよいでしょう。

4「頭が切れる（＝頭がよくはたらく）」「腕が立つ（＝よくできる）」などの表現は少し難しいですが、おさえておくとよいでしょう。

答え

1 1 買う　2 いそがしい　3 読む　4 遊ぶ　5 楽しい

2 1 ウ→エ→ア→イ　2 ウ→イ→エ→ア　3 ア→ウ→イ→オ→エ　4 オ→エ→イ→ウ→ア

3 1 ウ　2 イ　3 オ　4 エ　5 ア

4 1 エ　2 オ　3 カ　4 イ

第3回 塩・億・加・果・貨・課・芽・改

答え

1 一億　2 塩　3 芽　4 貨物

5 改正　6 放課後　7 発芽　8 果たす

9 加わる　10 改める

11 かじつ　12 かこう

字形に注意！

塩（出す）

果（とめる）

芽（つき出さない）

改（とめる）

第4回 和語・漢語・外来語

考え方

ふだんの生活で意識することは少ないですが、日本人はさまざまな言葉を場面に合わせて使い分けています。カタカナで書く外来語が外国から入ってきた言葉であることはお子さまも知っていると思いますが、和語・漢語については初めて知るかもしれません。言葉のニュアンスの違いに注目できるとよいでしょう。

6 この問題では、少し難しい外来語を扱っています。お子さまにとっては、ニュースで耳にしたことはあっても明確に意味を知らない言葉もあるでしょう。今後、身近になってくる言葉ですからぜひ覚えておいてください。

答え

1　1 ア　2 イ　3 ア　4 ウ

2　1（和語）いちば　（漢語）シジョウ
　2（和語）としつき　（漢語）ネンゲツ

3　1 フルーツ　2 水泳　3 スピード

4　1 ルール　2 スペース　3 テーマ　4 レポート／リポート

5　1 マスコミュニケーション　2 パトロールカー

6　1 オ　2 イ　3 ア

第5回 械・害・街・各・覚・完・官・管

答え

1 公害　2 市街地　3 （機）械　4 感覚
5 管　6 外交官　7 各地　8 完全
9 管理　10 覚える
11 まちかど　12 さ

字形に注意！

械　わすれずに

覚　点の向きに注意

完　はねる

第6回 こそあど言葉

考え方

「こそあど言葉」の「これ・この・ここ」などは話し手に近い場合、「それ・その・そこ」などは聞き手に近い場合、「あれ・あの・あそこ」などは両者から遠い場合、「どれ・どの・どこ」などは、指すものがわからない場合に用いる指示語です。これらが文章内で出てきたら、何を指すかを考えるようにしてください。

1　5の「どなた」は、「だれ」を丁寧にした言葉です。目上の人に対しては、「どなた」を使えるとよいでしょう。

3　答えとなる言葉を見つけたら、指示語の代わりに文中にあてはめ、意味がとおるかを確認するとよいでしょう。

4　文章を読み、指示語の指すものを読み取る問題は、読解問題においてもよく出題されます。指示語の指すものは、一般的に指示語の前に出てくるという原則を覚えておきましょう。

答え

1　1 イ　2 ウ　3 イ　4 ア　5 ウ
2　1 そちら／そっち
　2 （順に）こちら／こっち・あの
3　1 ア　2 イ　3 ウ
4　① 今年の花粉は多いのか　② はげ山

第7回 関・観・願・希・季・旗・器・機

答え

1 希（望）　2 国旗　3 関係　4 四季

5 悲願　6 機会　7 観光地　8 関所

9 食器　10 願う

11 はた　12 かか

字形に注意！

関（つき出さない）

観（形に注意）

希（◎字の形に注意）

旗（◎字の形に注意）

器（つき出す）

機（わすれずに）

第8回 言葉の種類

考え方

言葉の種類のことを「品詞」といい、これは国文法の学習の基礎となるものです。今回学ぶ代表的な品詞は覚えておくとよいでしょう。

1 まず、形の変わらない名詞から見つけられるようにしましょう。形が変わる品詞の区別は、その言葉が表していることが動作なのか様子なのかで判断します。

2 3「悲しみ」は、一見「様子を表す言葉」のように思えますが、「悲しい」が名詞化した言葉です。

3 1の「赤く」は形容詞で、言い切りの形は「赤い」です。2の「運ん（だ）」は動詞で、言い切りの形は「運ぶ」です。

4 ここでは活用形は意識せず、あとに続く言葉とうまくつながる形を考えるように指導してあげてください。

答え

1 1 （上から順に）ウ・イ・ア・ア・イ　2 （上から順に）ア・イ・ア・ウ・イ

2 1 ねむい　2 なめらかだ　3 楽しい　4 きれいだ

3 1 赤い　2 運ぶ

4 1 さりげなく　2 泣か　3 有名な

第9回 議・求・泣・給・挙・漁・共・協

答え

1 追求　2 会議　3 泣　4 協力
5 共通点　6 挙手　7 漁業　8 給食
9 挙げる　10 求める
11 りょう　12 とも

字形に注意！

挙（はねる）

第10回 同音異義語・同訓異字

考え方

「同音異義語」は発音が同じで意味が異なる言葉、「同訓異字」は訓読みが同じで意味が異なる言葉です。迷ったときは、漢字のもともとの意味に戻って考えるとわかる場合があります。

1 1「一年の計は元旦にあり」とは、「一年の計画は元旦に立てるべきであり、物事は最初が肝心である」という意味の言葉です。慣用的な表現ですから、覚えておくとよいでしょう。

2 ここでは、よく出題される同訓異字の言葉を扱っています。どのように使い分けるのかを確認しておきましょう。

3 漢字のもとの意味に戻って考えるとよいでしょう。例えば、1は「少ない数」を表す「少数」が答えです。

4 4「負う」には、背負う・引き受けるなどの意味があります。

答え

1 1 イ　2 ア　3 ア　4 イ　5 ウ

2 1 初めて　2 熱い　3 計る　4 治る
5 挙げる　6 建つ　7 覚める　8 代わる

3 1 少数　2 細心　3 関心　4 別れる
5 赤らむ

4 1 ア 明暗　イ 名案
2 ア 意外　イ 以外
3 ア 速　イ 早
4 ア 追　イ 負

第11回 鏡・競・極・訓・軍・郡・径・景

答え

1 訓練　2 軍手　3 景品　4 鏡

5 競泳　6 南極　7 半径　8 軍歌

9 郡部　10 消極（的）

11 きょうだい　12 けいば

字形に注意！

極（形に注意）　訓（とめる）　景（はねる）

第12回 対義語・類義語

考え方

一つの言葉を国語辞典で引くと、その言葉の対義語や類義語も掲載されていることがあります。そうした場合は、対義語・類義語もあわせて覚えるようにするとよいでしょう。

2 1～5は形容詞、6～8は動詞です。対義語として代表的なものですから、わからないものがあれば覚えておきましょう。なお、4「高い」は多義語です。高度についてであれば、「低い」が対義語となります。5「うすい」も多義語で、厚さについてであれば、「厚い」が対義語となります。8「終える」の対義語を、「始める」ではなく「始まる」としたお子さまもいるかもしれません。文法上は、「始まる」は自動詞、「始める」は他動詞という違いがあります。ここでは、「会議を」に続く言葉になるように考えるとよいでしょう。

答え

1 1 不（要）　2 （安）全　3 （寒）冷　4 敗（北）

5 短（所）　6 進（歩）　7 （決）心　8 （永）遠

2 1 せまい　2 新しい　3 冷たい　4 安い

5 こい　6 へる　7 拾う　8 始める

3 1 （順に）ア・ウ・イ

2 （順に）イ・ア・ウ

第13回 芸・欠・結・建・健・験・固・功

答え

1 固定　2 (成)功　3 健全　4 欠点

5 結果　6 建　7 体験　8 手芸

9 固める　10 結ぶ

11 けんこく　12 か

字形に注意!

芸（つき出さない）

建（2本書く）

験（つき出さない）

功（つき出さない）

第14回 組みになって使われる言葉

考え方

下に決まった言い方をともなう「呼応の副詞（陳述の副詞）」を学びます。ふだんは無意識に使っているきまりだと思いますが、文のどの言葉とどの言葉が組みになっているのかを意識するようにしてください。

3 ①は、「まるで」をあてはめても文意がとおりますが、①に「まるで」を入れてしまうと③に入る言葉がありません。「二回使えない」という条件に注意しましょう。「いまだに」「決して」は、どちらも下に打ち消しの「ない」をともないますが、文脈から考えると、①に「いまだに（信じられない）」を入れ、④に「決して（わすれない）」を入れるのが自然でしょう。

答え

1 1 ぜひ　2 まったく　3 どうして　4 たとえ　5 たぶん

2 1 エ　2 ウ　3 ア　4 エ

3 ① いまだに　② きっと　③ まるで　④ 決して

4 1 【例】どうやらわたしはかぜを引いてしまったらしい。

2 【例】まさかぼくが徒競走で一番になるとは、家族のだれも思うまい。

第15回 好・候・康・差・菜・最・材・昨

答え

1 天候　2 最後　3 野菜　4 差
5 友好　6 健康　7 取材　8 昨年
9 最も　10 好む
11 な　12 こうさてん

字形に注意！

候（わすれずに）
康（水ではない）
菜（点の向きに注意）
最（形に注意）
材（つき出す）

第16回 主語・述語 ①

考え方

1 述語は文末にあることが多いため、まず、述語の見当をつけてから主語を探し、その対応が適切かどうかを確認するとよいでしょう。ここでは、述語の種類がどれにあたるかを考えさせています。「どうする」は主語の動作、「どんなだ」は主語の様子、「何だ」は主語とイコールであること、「ある（いる・ない）」は主語の存在を表すことを教えてあげてください。

2 3の主語である「読むのが」は、「読む／ことが」を省略した形です。動詞のあとに「～こと」「～とき」などの形式名詞をつけることで動詞を名詞に変化させ、主語としています。

3 1は「目標は」、2は「わたしたちは」という主語に、違和感なく対応する述語に直します。

答え

1 1 あった・**エ**　2 乗馬だ・**ウ**　3 すぎた・**ア**

2 1 （主語）**エ**（述語）**ア**　2 （主語）**ウ**（述語）**エ**
3 （主語）**エ**（述語）**カ**　4 （主語）**エ**（述語）**カ**

3 1 【例】漢字をまちがえないことです
2 【例】合唱コンクールを行います

4 ぼくは＜自転車で海へ向かった姉を追いかけた。

第17回 札・刷・察・参・産・散・残・氏

答え

1 生産　2 残暑　3 考察　4 散歩

5 参加　6 改札　7 印刷　8 氏名

9 残る　10 散らす

11 う　12 す

字形に注意！

札（はねる）

刷（つき出す）

察（タではない）

参（筆の向きに注意）

第18回 主語・述語②

考え方

1 選択肢の**ア**は重文、**イ**は複文、**ウ**は単文です。

2 複文の構造をとらえるには、各述語に対応する主語を一つずつ確認していくことがポイントです。なお、主語と述語の組みは、どちらを先に書いていてもかまいません。

3 長すぎる文は読みにくく、読み手の誤解を招くおそれもあります。自分の書いた文を一度音読してみるとよいでしょう。

答え

1 ① **ウ**　② **イ**　③ **ウ**　④ **イ**　⑤ **ア**

2 ①（主語）**ア**（述語）**キ**／（主語）**ウ**（述語）**エ**

②（主語）**ア**（述語）**ク**／（主語）**エ**（述語）**キ**

③（主語）**ア**（述語）**キ**／（主語）**イ**（述語）**エ**

3 ① **【例】** 今日、ぼくは六時に起きて、ジョギングをした。そして朝食を食べてから、妹といっしょに学校へ行った。

② **【例】** わたしが好きな本は、『ナルニア国物語』です。それは、主人公が不思議な世界に入りこみ、そこで多くの登場人物と出会い、国をつくるという物語です。

第19回 司・試・児・治・辞・失・借・種

答え

1 種　2 辞書　3 試験　4 児童館

5 司会者　6 失う　7 借りる　8 治める

9 試みる　10 治る

11 しつれい　12 ちあん

字形に注意！

司（はねる）

試（わすれずに）

児（◎字の形に注意）

失（つき出す）

第20回 くわしくする言葉 ①

考え方

体言（名詞）を修飾する言葉を連体修飾語といいます。修飾語のうち、今回は主に連体修飾語の問題に取り組みます。

1 ▢の部分には名詞がふくまれています。この名詞をくわしく説明している修飾語を探しましょう。探した修飾語と▢の言葉をつなげて読み、意味が通るかどうかを確かめてみてください。なお、修飾語は一つとは限りません。

3 空欄に入れることのできる言葉は複数ありますが、「——の部分をくわしくする言葉」を選ばなければなりません。例えば①でいうと、「はげしく」「南から」「そよそよと」なども空欄に入りますが、これらは「どのようにふくのか」「どの方角からふくのか」を説明していますから、「ふく」の修飾語です。

4 修飾語と被修飾語を近づけると、関係性がはっきりします。

答え

1 ①ウ　②ア・イ（順不同）　③ア・イ（順不同）　④イ・ウ（順不同）　⑤イ

2 ①エ　②エ　③ウ　④イ　⑤イ

3 ①あたたかい　②たくさんの

4 【例】女の子がかざりのついた白いぼうしをかぶっている。

第21回 周・祝・順・初・松・笑・唱・焼

答え

1 順番　2 祝福　3 周（辺）　4 焼
5 松　6 唱える　7 初めて　8 笑う
9 祝う　10 周り
11 しょしんしゃ　12 がっしょう

字形に注意！

順（とめる）
初（わすれずに）
笑（天ではない）
唱（下を大きく）
焼（形に注意）

第22回 くわしくする言葉 ②

考え方

1 用言（動詞・形容詞・形容動詞）を修飾する言葉を連用修飾語といいます。連用修飾語は、第20回で学んだ連体修飾語に比べ、修飾語と被修飾語が離れている場合が少なくありません。また、一つの用言に複数の修飾語がかかっていることも多くあります。一つひとつの言葉の関係を丁寧に確かめましょう。

2 ②は、文の語順が少し変わっています。考えにくければ、「この手紙をお家の人にわたしてね。」という、通常の語順で考えるようにするとよいでしょう。

3 設問にある文では、「静かに近づいた」のか「静かに読む」のかがはっきりしません。わかりやすい文にするには、修飾語と被修飾語を近づけることが基本です。

4 《例》を参考に、文の構造を考えてみましょう。

答え

1 ①イ・ウ（順不同）　②イ　③エ　④カ　⑤オ・カ（順不同）
2 ①エ　②ウ　③オ　④イ
3 【例】わたしは公園で本を読む先生に静かに近づいた。
4 31ページ参照

第23回 照・臣・信・成・省・清・静・席

答え

1 反省　2 客席　3 照明　4 大臣

5 成長　6 赤信号　7 静か　8 清める

9 照らす　10 省く

11 せいでんき　12 せいしょ

字形に注意!

◎筆順に注意　臣

わすれずに　成

はねる　省

静　はねる

つき出す　席

第24回 接続語

考え方

1 2 □の前後の文の関係を考えてみましょう。直前の接続助詞に注目します。2は、「橋ができて本州と簡単に行き来できるようになれば、人がたくさん訪れる」というのが、一般的に予想される結果ですね。そこから考えましょう。

4 【例】以外の答えであっても、1は逆接、2は順接を表す接続語を書いていれば正解としてください。

5 1は累加、2は逆接、3は順接を表す接続語を使います。

答え

1 ① エ　② ア　③ イ　④ ウ

2 ① (順に) ア・イ　② (順に) イ・ア

3 ① イ　② ウ　③ ア

4 ① 【例】しかし　② 【例】すると

5 ① 【例】夜の七時に夕食を食べた。そして、八時からテレビを見た。

② 【例】犯人はあわててその場からにげ出した。でも、すぐにつかまった。

③ 【例】しめ切りがすぎていたので、コンテストへの参加は間にあわなかった。

第25回 積・折・節・説・浅・戦・選・然

答え

1 戦（争）　2 自然　3 左折　4 季節
5 選挙　6 説明　7 面積　8 浅い
9 選ぶ　10 折れる
11 てんねん　12 と

字形に注意！

浅（3本書く）

選（形に注意）

然（夕ではない）

第26回 意味をつけ加える言葉 ①

考え方

ここでは、助動詞を扱います。助動詞は、主に動詞のあとについて、さまざまな意味をつけ加える言葉です。正しい文章を書くには、助動詞をしっかり身につけることが大切です。

1 2は、「求めることができる」と言い換えられるので、**イ**「可能」です。1・3・4は、どれもその動作を受けるという意味ですから、**ア**「受け身」です。

2 1の**イ**は「受け身」、**ア**・**ウ**は「可能」です。2の**ウ**は「可能」、**ア**・**イ**は、「られる」と「れる」の種類の違いはありますが、意味はどちらも「受け身」です。

3 1の「行く」は下に「ない」がつくと「行かない」となりますから、「行かせる」とします。2・3も同様に考えましょう。

答え

1 1 **ア**　2 **イ**　3 **ア**　4 **ア**

2 1 **イ**　2 **ウ**

3 1 【例】父が、ぼくに新聞を取りに行かせる。
2 【例】母が、わたしに毎日ピアノを練習させる。
3 【例】わたしが、ゆりかごの中の赤ちゃんを泣きやませた。

第27回 争・倉・巣・束・側・続・卒・孫

答え

1 側面　2 卒業式　3 続出　4 孫
5 倉庫　6 巣　7 右側　8 花束
9 争う　10 続く
11 しそん　12 くら

字形に注意!

争（はねる）
束（とめる）
側（はねる）
孫（わすれずに）

第28回 意味をつけ加える言葉 ②

考え方

ここで紹介しているのは、助動詞の一部です。これ以外の助動詞については、徐々に覚えていきましょう。

1 1は「た」がつくことで、過ぎ去ったできごとである意味を表します。2の「だ」は言い切る意味を、3は「よう」が意志の意味を表します。

2 1の**ウ**は「様態」、**ア・イ**は「伝聞」です。「様態」と「伝聞」は、「そうだ」の直前の言葉が終止形（言い切りの形）かどうかで判別することができます。2の**ア**は「断定」、**イ・ウ**は、「過去」です。「さけぶ」「泳ぐ」に「過去」を表す「た」をつけると、本来は「さけびた」「泳ぎた」となりますが、発音上の変化により、「さけんだ」「泳いだ」という形になっています。

答え

1 1 **ウ**　2 **ア**　3 **イ**

2 1 **ウ**　2 **ア**

3 1 【例】来年の夏休みにホームステイをしたい。
2 【例】今日は夕飯を家で食べない。
3 【例】母へのプレゼントにカーネーションを買おう。
4 【例】体育の時間に、グラウンドを三周走った。

第29回 帯・隊・達・単・置・仲・兆・低

答え

1 仲　2 音楽隊　3 一兆円　4 低学年

5 配置　6 単位　7 達成　8 置

9 帯びる　10 低い

11 ちょうこう　12 かざんたい

字形に注意！

隊（はねる）

達（横ぼう３本書く）

兆（点の向きに注意）

低（わすれずに）

第30回 慣用句

考え方

慣用句とは、二つ以上の単語が組み合わさって特別な意味を表す言葉のことで、体の部分や動物の名前を含むものなど数多くあります。特に「胸」「腹」「顔」「目」などを含む慣用句は人の感情や性格を表し、物語文では登場人物の気持ちの変化をつかむ際にも役立ちます。なお、3・4の答えについては、漢字・ひらがなのどちらで書いていてもかまいません。

4 文脈をふまえ、（　）にあてはまる言葉を考えます。②「きもにめいじる（肝に銘じる）」は、「きも」（肝臓）が大事な臓器であることから、「重要なことを心に刻み込む」ことを意味します。③「気が置けない」は「気を使う必要がない」ということで、「心を許せる仲」であることを意味します。反対の意味に取らないように注意しましょう。

答え

1 ①ウ　②エ　③ア　④イ

2 ①目　②足　③手　④鼻

3 ①ねこ　②からす　③馬　④ねずみ　⑤犬　⑥くも

4 ①水　②きも　③気　④はら

第31回 底・的・典・伝・徒・努・灯・働

答え

1 伝説　2 徒歩　3 積極的　4 努力

5 電灯　6 (労)働　7 式典　8 海底

9 働く　10 伝える

11 まと　12 かわぞこ

字形に注意!

底 わすれずに

典 出す

伝 つき出さない

灯 はねる

第32回 ことわざ

考え方

ことわざには生活の知恵や人生の教訓が含まれています。学校やご家庭での具体的なできごとと関連づけたり、会話の中で使ったりすると、より身近に感じられるようになるでしょう。

3 ①は「その道の名人も失敗するときがある」、②は「困っているときに、困ったことが重なって起こる」という意味です。

4 1は「ふつうの親からいきなり優れた子は生まれない」という意味で、**ウ**の「かえるの子はかえる」と似た意味のことわざです。反対の意味を表すのは**イ**のことわざです。2は「立ち去る者は見苦しくないようにきれいに後始末をする」という意味で、反対の意味を表すのは**ア**のことわざです。

答え

1 31ページ参照
〈意味〉1 **エ**　2 **ア**　3 **イ**　4 **ウ**

2 1 (順に)二・一/**ウ**　2 (順に)百・一/**イ**
3 (順に)三・百/**ア**

3 ① **ウ**　② **イ**

4 1 **イ**　2 **ア**

5 1 良薬　2 おに　3 馬の耳　4 つめをかくす

第33回 特・熱・念・敗・梅・博・飯・飛

答え

1 夕飯
2 飛
3 博物館
4 念
5 特定
6 梅
7 飯
8 飛行船
9 敗れる
10 熱い
11 しっぱい
12 ねっしん

字形に注意！

わすれずに 熱
梅 はねる
わすれずに 博
飯 食ではない
◎字の形に注意 飛

第34回 熟語の組み立て

考え方

熟語の組み立ては、中学入試などでもよく問われます。それぞれの漢字が表す意味と、熟語本来の意味に注目して考えましょう。

2 1は「まだ決まっていないこと」、2は「（変わった）事がないこと」、3は「安心できないこと」、4は「人の道に外れていること」を表す熟語です。

3 **ア**は「児（子ども）を育てる」のように「下の漢字から上の漢字にかえって読むと意味が通じるもの」で、2「加熱（熱を加える）」・5「帰国（国に帰る）」がこの組み立てにあたります。**カ**は「海の底」のように「上の漢字が下の漢字を修飾しているもの」で、1「曲線（曲がった線）」・8「新緑（新しい緑）」がこの組み立てにあたります。

答え

1 1 勝（敗） 2 （明）暗 3 （利）害 4 （幸）福 5 （生）産 6 良（好）

2 1 未（定） 2 無（事） 3 不（安） 4 非（道）

3 1 カ 2 ア 3 エ 4 イ 5 ア 6 ウ 7 オ 8 カ

4 1 ウ 2 ア 3 イ

第35回 必・票・標・不・夫・付・府・副

答え

1 不思議　2 必死　3 投票日　4 付近
5 夫　6 都道府県　7 副会長　8 標本
9 付ける　10 必ず
11 ぶきみ　12 ふじん

字形に注意！

◎字の形に注意

必

標（西ではない）

夫（下を長く）

副（はねる）

第36回 四字熟語

考え方

四字熟語の漢字が四年生までに習うものであれば、正しく漢字で書けるかどうかも確認してあげてください。例えば「心機一転（あるできごとをきっかけに気持ちが変わる）」を「心気一転」と間違える場合がありますが、「機」は「動機」を表しています。熟語の意味と漢字の意味とを関連づけて覚えるとよいでしょう。

1　1で出題している四字熟語の中には、五年生以上の漢字も含まれています。漢字はまだ覚えなくてもよいですが、四字熟語の読み方と意味を覚えておくとよいでしょう。

答え

1　1 イ　2 オ　3 エ　4 ア　5 ウ

2　1 花鳥風月・ア　2 一石二鳥・ウ
3 電光石火・イ

3　1 日（進）月（歩）・にっしんげっぽ
2 （有名）無実・ゆうめいむじつ
3 不言（実行）・ふげんじっこう
4 八方（美人）・はっぽうびじん
5 千（差）万（別）・せんさばんべつ

4　1 以心伝心　2 一心同体
3 心機一転　4 単刀直入

第37回 兵・別・辺・変・便・包・法・望

答え

1 兵隊　2 変化　3 包帯　4 方法

5 近辺　6 別　7 便り　8 望む

9 変える　10 別れる

11 ふべん　12 つつ

字形に注意！

つき出さない 別

つき出さない 辺

変 形に注意

つき出さない 便

包 はねる

◎字の形に注意 望

第38回 熟語の読み方・熟語パズル

考え方

上が音読み、下が訓読みのものを「重箱読み」というのは、「重箱」の「重」が音読み、「箱」が訓読みだからです。「湯桶読み」はその逆で、「湯」が訓読み、「桶」が音読みです。

1 訓読みは聞けば意味がわかるものが多いですが、その見分け方だとうまくいかないものもあります。①「チャ（音読み）」・③「ネツ（音読み）」など、まぎらわしいものは意識して覚えるようにするとよいでしょう。

3 ①は**エ**「酒場」のみ訓読み＋訓読み、②は**ウ**「手帳」のみ訓読み＋音読みの熟語になっています。

5 □に入る漢字は一つですが、熟語によって読み方が異なります。四つの二字熟語の読み方を確認しておいてください。

答え

1 ①ちゃいろ・**ウ**　②いえじ・**イ**　③かねつ・**ア**　④けしいん・**エ**

2 ①**イ**　②**ウ**　③**エ**　④**ア**

3 ①**エ**　②**ウ**

4 ①屋・上・屋上　②美・人・美人

5 ①人　②物

第39回 牧・末・満・未・民・無・約・勇

答え

1 勇気　2 未来　3 牧場　4 予約
5 週末　6 満たす　7 公民館　8 無
9 末　10 勇ましい
11 ぶじ　12 まんかい

字形に注意！

末（下を短く）　未（下を長く）　無（長く）

第40回 特別な読み方をする熟語

考え方

複合語になると読み方が変化する漢字（1）と、熟語になると特別な読み方をする熟字訓（2～4）を扱っています。

1 1は「白（しろ）」が「波」と組み合わさると、「白波（しらなみ）」と変化します。複合語になることで、どのように読み方が変化したかを確かめましょう。

4 ③～⑤は中学校で習う熟字訓です。今の時点でできなくてもかまいませんが、中学入試では、中学校以降で学習する熟字訓も問われる場合があります。覚えておくとよいでしょう。

答え

1
1 しろ・しらなみ　2 あめ・あまぐも
3 ふね・ふなたび　4 どく・とうてん
5 さけ・さかや

2
1 上手　2 果物　3 今朝
4 真っ青　5 手伝う　6 時計

3
1 かわら　2 やおや　3 たなばた　4 ことし
5 へや　6 おとな　7 しみず　8 けしき

4
① ついたち　② はつか　③ えがお
④ ここち　⑤ なごり

第41回 要・養・浴・利・陸・良

答え

❶ 海水浴　❷ 良　❸ 陸地　❹ 便利
❺ 必要　❻ 着陸　❼ 勝利　❽ 要
❾ 養う　❿ 浴びる
⓫ かいりょう　⓬ えいよう

字形に注意！

要（西ではない）

養（◎字の形に注意）

浴（つける）

利（はねる）

第42回 漢和辞典の引き方・漢字の成り立ち

考え方

お手元に漢和辞典がある場合は、実際に辞典を引きながら取り組んでいただくとよいでしょう。なお、漢字の成り立ちにはさまざまな説があり、辞典によって解釈が異なる場合があります。

2 漢和辞典を部首さくいんで引くと、同じ部首の漢字が画数の少ない順にならんでいます。したがって、最も画数の少ないものが答えです。

3 ❶は、幼い子どもの姿をもとにした象形文字です。❷・❸は「反（ハン）」「票（ヒョウ）」という音を表す文字をもつ形声文字です。❹は「女」と「子」が組み合わさった会意文字です。

4 形声文字ですから、音を表す文字に注目すると、まだ学習していない漢字の読みがわかりますね。❶は「固（コ）」、❷は「司（シ）」、❸は「道（ドウ）」、❹は「各（カク）」が音を表す文字です。

答え

1 ❶ イ　❷ ウ　❸ ア
2 ❶ イ　❷ エ　❸ ウ
3 ❶ ア　❷ エ　❸ エ　❹ ウ
4 ❶ こじん　❷ しいく　❸ しどう　❹ ごうかく

第43回 料・量・輪・類・令・冷

答え

1 料理　2 寒冷地　3 輪　4 命令
5 分量　6 種類　7 号令　8 冷ます
9 量る　10 冷たい
11 いちりん　12 ひ

字形に注意！

冷《にすい》

第44回 漢字の組み立て

考え方

それぞれの部首には成り立ちに由来する意味があり、その部首をもつ漢字の意味とも関連があるということを覚えておくとよいでしょう。

1 4「こざとへん」について「郡」を選んだお子さまもいるかもしれませんが、「郡」の部首は「おおざと」です。「おおざと」は「つくり」にあたり、漢字の右側の部分に位置します。「こざとへん」は「へん」なので、漢字の左側です。

3 同じ形をもっていても部首は異なる漢字を出題しています。やや難しい問題ですが、部首の意味に注目したり、漢和辞典を引いたりして取り組んでみてください。3「問」の部首は「くち（口）」です。「もんがまえ」と間違えやすいですが、「口でたずねる」という意味に重心が置かれています。なお、「聞」も同様で、部首は「もんがまえ」でなく「みみ（耳）」です。

答え

1 1 カ　2 ア　3 オ　4 ク　5 ケ

2 1 亻・にんべん　2 宀・うかんむり　3 灬・れんが／れっか

3 1 イ・にんべん　2 ア・りっとう　3 ア・くち　4 ウ・あなかんむり

第45回 例・連・老・労・録

答え

1 連　2 例文　3 連続　4 老
5 記録　6 苦労　7 連敗　8 付録
9 連なる　10 例える
11 ろうじん　12 ろうどう

字形に注意！

例（はねる）　老（はねる）　録（形に注意）

第46回 漢字の音と訓・送りがな

考え方

今回は、あとに続く言葉によって読み方が変わる漢字や、送りがなを間違えやすい漢字を扱います。

1 複数の訓読みをもつ漢字は、送りがなによって読み方が変わります。自然に読み分けられるようになりましょう。

5 音読みに比べ、訓読みは聞いただけで意味のわかるものが多いですが、2の「荷」など一読して音・訓のわかりにくいものは覚えておくとよいでしょう。

答え

1
1 ア け　イ き　2 ア にが　イ くる
3 ア ま　イ お　4 ア す　イ この
5 ア お　イ おり　6 ア ひら　イ たい

2
1 ア 覚える　イ 覚める
2 ア 育む　イ 育つ
3 ア 治める　イ 治す
4 ア 冷やす　イ 冷たい

3 1 ア　2 イ　3 イ　4 ア　5 イ　6 ア

4 1 イ　2 ア

5 1 ア　2 エ　3 イ　4 ウ

6 ・改ため→改め　・伝る→伝わる

第47回 知っているかな? この言葉

考え方

今回は、お子さまにとってはやや耳慣れない言葉や言いまわしを出題しています。今の時点ですべての言葉の意味がわかる必要はありませんが、語彙を豊かにするために役立ててください。

2 わからない場合は国語辞典で調べ、文脈にあうものを選びましょう。

3 「知っていたらかっこいい!」でも紹介していますが、ここでは「故事成語」を取り上げています。有名な言葉ですから、由来などを調べてみてもよいでしょう。

4 ①「たしなめる」は「軽くしかる」、②「おざなり」は「いいかげんな」、③「血相を変えて」は「顔色を変えて」、④「一目散に」は「わき目もふらずに」といった意味です。

答え

1 ①イ ②ウ ③エ ④ア

2 ①くったくのない ②おもむろに ③おぼろげな ④いたずらに ⑤たどたどしい

3 31ページ参照

〈意味〉①イ ②ウ ③ア ④オ ⑤エ

4 ①イ ②エ ③ク ④ア

第48回 漢字の画数と筆順

考え方

一度筆順を間違えて覚えてしまうと、あとで直すことは困難です。新しい漢字を習うときは、正しい筆順で覚えましょう。特に、字形の複雑な漢字は、筆順がわかりにくい場合があります。重点的に復習しておいてください。

5 それぞれの部首を確認しましょう。①「郡」は「おおざと」、②「愛」は「こころ」、③「冷」は「にすい」、④「固」は「くにがまえ」です。部首がわからないときは、第42回の漢和辞典の引き方にしたがい、調べてみるとよいでしょう。

6 まず、正しい漢字が書けているかを見てあげてください。①は「灯」、②は「的」、③は「帯」、④は「建」、⑤は「残」、⑥は「飛」です。

答え

1 ①エ ②ウ ③ア

2 ①六 ②三 ③八 ④七 ⑤十 ⑥一

3 ①ア ②ア ③ア ④イ

4 十一画 エ・カ・ク(順不同)
十二画 イ・ウ・キ(順不同)

5 ①三 ②四 ③二 ④三

6 ①六 ②八 ③十 ④九 ⑤十 ⑥九

第49回　敬語 ①

考え方

敬語の使い方は、ときに大人にとっても難しい場合があります。お子さまにとってはなおさらだと思いますが、敬語は社会生活を送るうえで必要なものです。ご家庭で先生やお客様のことを話題にする際、日頃から敬語を用いて話すようにすると、自然と敬語に親しめるようになるでしょう。

1 単語などの形で出題していますが、わかりにくいようであれば、「わたしは」「先生は」といった主語を加えて考えてみると判断しやすくなるでしょう。

4 敬語の問題では、動作の主体が誰なのかをおさえることが重要です。❶の主語は「ぼくは」ですから、「もらう」のけんじょう語である「いただく」を使います。❷の主語は「母が」ですね。身内の動作ですから、「やる」のけんじょう語である「さしあげる」を使います。

答え

1 ❶ **イ**　❷ **イ**　❸ **ア**　❹ **イ**

2 ❶ 家です　❷ ありがとうございます　❸ 帰ります

3 ❶ **ウ**　❷ **ア**　❸ **イ**

4 ❶ いただいた　❷ さしあげた

第50回　敬語 ②

考え方

尊敬語と謙譲語の使い分けをできるようになりましょう。どちらも相手への敬意の表現ですが、相手の動作を高めるのか、自分の動作を低めるのかによって使い分けます。

1 同じ言葉を敬語にする場合、直し方は一つではありません。例えば、❶を「食べられる／お食べになる」、❸を「される」とする直し方もあります。敬語として正しい使い方であれば、○としてください。

2 ❶の**ウ**は「先生が」が主語ですから、尊敬語の「いらっしゃる」を使います。❷の**エ**は「市長は」が主語ですから、尊敬語の「おっしゃる」を使います。❸の**エ**は「わたし」の動作ですから、謙譲語の「ごれんらくする」という形にします。

3 少し難しい問題ですが、同じ言葉でも意味が違う場合があることを意識しておきましょう。

答え

1 ❶ めしあがる　❷ 拝見しました　❸ なさる　❹ くださった

2 ❶ **ウ**　❷ **エ**　❸ **エ**

3 ❶ (順に) **イ・ウ・ア**　❷ (順に) **ウ・ア・イ**

第51回 都道府県の漢字 ①

考え方

第51回〜54回では、二〇二〇年度の学習指導要領改訂に伴い、小学四年生で学習することになった都道府県の漢字をまとめて学習します。都道府県の名前は、日常生活や教科学習の中でも接することの多い言葉ですから、地図と合わせ、漢字で書けるように覚えていきましょう。

答え

1 茨（城）　2 群馬　3 岡山　4 香川
5 福岡　6 （滋）賀　7 （佐）賀　8 静岡
9 岐（阜）　10 熊本　11 愛媛　12 新潟

字形に注意！

形に注意
媛

つき出さない
岡

形に注意
潟

つき出さない
群

第52回 都道府県の漢字 ②

答え

1 宮崎　2 沖縄　3 長崎　4 佐賀
5 宮城　6 鹿児島　7 滋賀　8 茨城
9 埼玉　10 福井　11 宮城　12 埼玉
13 佐賀　14 沖縄

字形に注意！

とめる
埼

とめる
崎

鹿
１画で書く

わすれずに
城

形に注意
縄

第53回 都道府県の漢字 ③

答え

1 岐阜　2 神奈川　3 大阪　4 栃木
5 山梨　6 奈良　7 徳島　8 富山
9 栃木　10 山梨　11 富山　12 徳島

字形に注意！

徳（四ではない）
栃（形に注意）
奈（はねる）
阜（形に注意）
富（わすれずに）

第54回 都道府県の漢字 ④

答え

1

1 新潟　2 群馬　3 茨城　4 岐阜
5 三重　6 兵庫　7 鳥取　8 愛媛
9 大分　10 長崎

2

1 年賀　2 (補)佐　3 道徳　4 (豊)富
5 梨　6 城　7 富　8 鹿
9 (干)潟　10 香り
11 む　12 しゅくがかい

第55回 日本文学紀行

考え方

文学史は中学・高校・大学の各入試で出題されますが、小学四年生ではまだ日本史の学習もしていないため、なじみのない分野だと思われます。クイズ感覚で取り組んでみてください。

1 ①・②・④は、今から約千年ほど前の平安時代に書かれた作品です。③の『徒然草』は、それから三百年ほどあとの鎌倉時代末期の作品です。

2 **ア**『銀河鉄道の夜』は少年達が宇宙を旅する幻想的な物語、**イ**『蜘蛛の糸』は人間のもつ善の心や欲を描いた短編小説、**ウ**『吾輩は猫である』は猫の目をとおして見た人間社会を風刺した小説です。少し難しい部分もありますが、本が好きなお子さまでしたら読んでみるとよいでしょう。

4 ①せみの鳴き声により、辺りの静けさがより際立って感じられます。②いちょうの葉を金色の小さな鳥にたとえています。

答え

1 ①イ　②ウ　③ア　④エ
2 ①ウ　②イ　③ア
3 ①イ　②ウ　③ア
4 ①せみ　②いちょう

第56回 うでだめしをしよう ①

考え方

最後の二回では、学習してきた内容のまとめをします。今回は、漢字・熟語などを中心に出題しています。中学入試では、漢字・文法が単独で出題されず、読解問題の中で出題されることも多くあります。さまざまな形式に慣れておいてください。また、定着していない内容は、該当の単元に戻って復習しておきましょう。

2 中学受験でも出題されることがある形式の問題です。漢字学習の際は、漢和辞典を用いてその漢字を含む熟語を書き出していく習慣をつけておくと、語彙力が高まります。

3 ――D「出発」は「にた意味の漢字を組み合わせたもの」、――E「最初」は「上の漢字が下の漢字を修飾（説明）する関係にあるもの」、――F「無言」は「上の漢字が下の漢字の意味を打ち消す関係になっているもの」です。

答え

1 ①イ・健全　②A 必ず　B 努めて
2 ①加　②治　③唱　④挙
3 ①去（年）　②B 観光　C 協力　③D オ　E ア　F ウ　④ウ　⑤満足

第57回 うでだめしをしよう ②

考え方

今回は、主に文の組み立てについて出題しています。

3 第26回・第28回「意味をつけ加える言葉」からの出題です。❶の「られる」は、**ア**が「受け身」、**イ・ウ**が「可能」です。❷の「だ」は、**ア・ウ**が「過去」、**イ**が「断定」です。

5 ❶（ **A** ）には、「まるで」と組みになって使われる「ように」があてはまります。❸（ **C** ）の前後では、二人の鳴きまねによって、つられた本物の山鳩が鳴き出す様子が描かれています。順接の「すると」が答えです。

答え

1 （主語）**ウ・ケ**　（述語）**オ・コ**
（修飾語）**ア・イ・エ・キ・ク**　（接続語）**カ**

2 （順に）**ア・ウ・ア・ウ・イ**

3 ❶ **ア**　❷ **イ**

4 ❶ うかがう　❷ めしあがる

5 ❶ **ウ**　❷（主語）妹が　（述語）あって
（主語）二人は　（述語）遊びました
❸ **エ**　❹ **F・G**

第22回　くわしくする言葉 ②

4

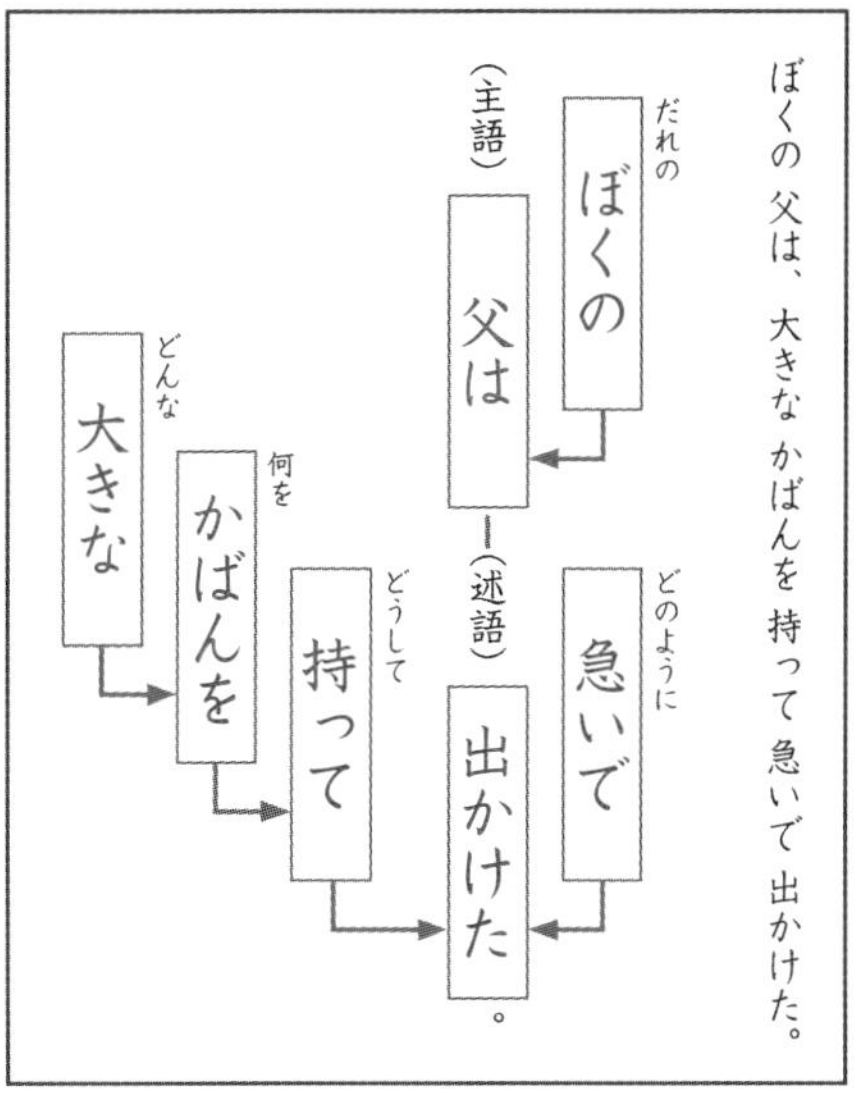

第32回　ことわざ

1

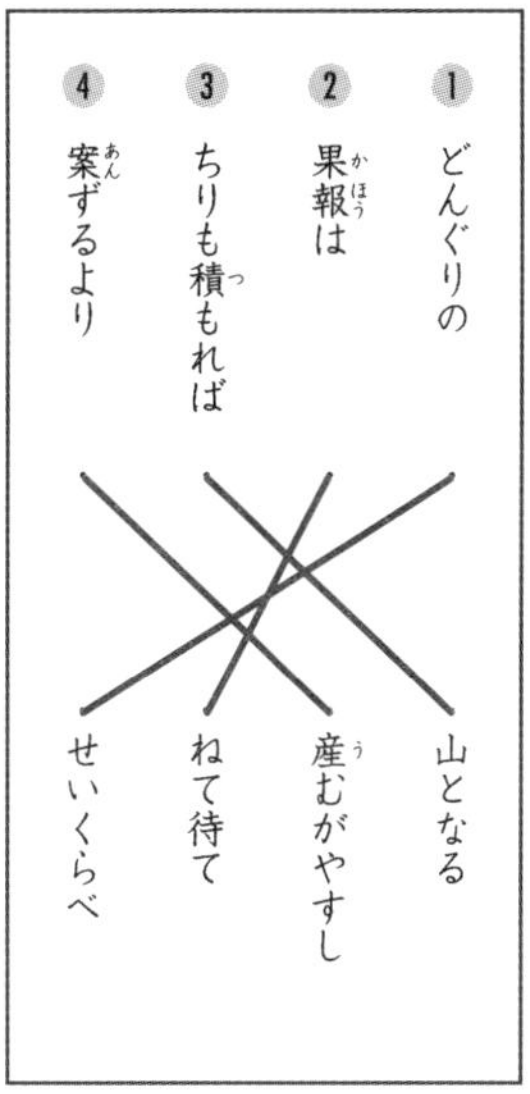

第47回　知っているかな？　この言葉

3

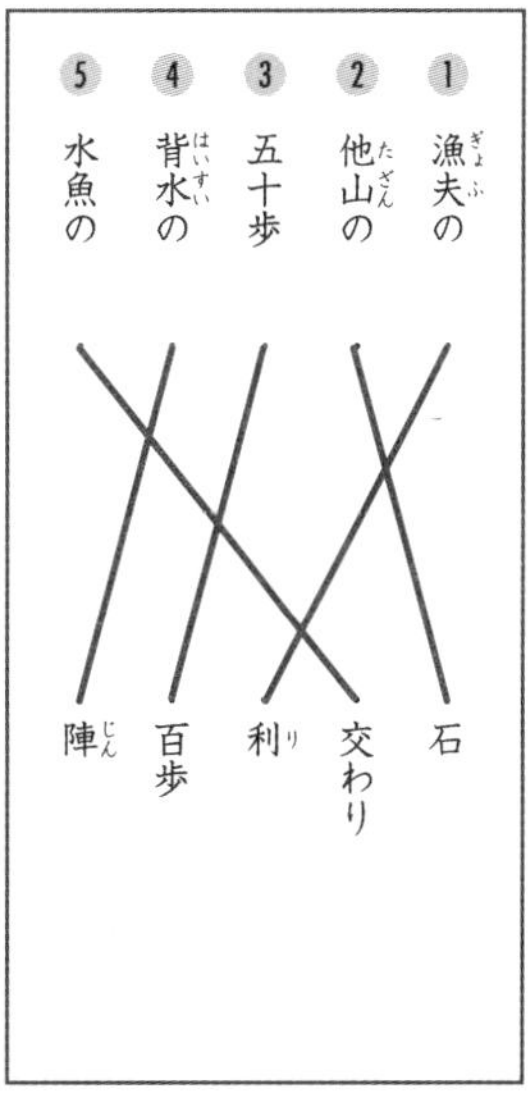

ふろく 2 ローマ字　ローマ字を書いてみよう！

ローマ字は小学三年生で学習する単元です。復習として取り組んでみてください。

考え方

1 ローマ字では，子音と母音の組み合わせで言葉が成り立っています。そのため，母音で始まる言葉の頭に子音をつけると，別の言葉に変化するのです。ほかにもこのような言葉がないか，身のまわりを探してみてもよいでしょう。

3 ローマ字表に［　］で示しているとおり，「し」や「ち」，「しゃ」や「ちゃ」などは二通りの表し方があります。たとえば「茶わん」の「ちゃ」は，「tya ／ cha」のどちらで書いてもかまいません。

4 ローマ字での名前の表記は，さまざまな書き方があります。姓名の順番についても，ローマ字の学習においては「姓→名」と習う場合が多いですが，「名→姓」と書いていることもあります。また，「TANAKA Yûki」のように，姓をすべて大文字にする書き方もあります。お子さまが学校で習った書き方を覚えておくとよいでしょう。

答え

ポイント

① tôban　② nikki　③ kingyo

④ kin'yôbi　⑤ Okinawa / OKINAWA

練習しよう

1 ① k(ame)　② s(ika) ／ sh(ika)

2 ① ア neko　イ nekko　② ア tani　イ tan'i

3 ① tyawan ／ chawan　② kyôryû

③ sippo ／ shippo

④ Hokkaidô ／ HOKKAIDÔ

4 《例》佐藤はるか　Satô Haruka

Z-KAI